이 책 하나로 뉘앙스 마스터
일본어 의성어·의태어 사전

이 책 하나로 뉘앙스 마스터

# 일본어
# 의성어
# 의태어
# 사전

권하영, 니시카와 카나코, 박소정, 윤보미, 이선희, 전하나 지음
이시이 히로코 감수

한국인 학습자가 일본어를 배울 때는 의성어·의태어를 익히기가 특히 어렵다. 첫 번째 이유는 문화 차이 때문이다. 한국어 문화에서는 의성어·의태어를 유아적인 표현으로 여겨 품위 있는 글을 쓸 때 꺼리는 경향이 있지만, 일본어 문화에서는 의성어·의태어가 신문기사에도 등장할 정도로 평이하게 사용된다. 일본어 의성어·의태어는 한국어 학습자의 언어 감각으로 이해하기 어려운 상황에서도 사용되기 때문에, 학습자는 그 표현을 온전히 체득하기 어렵다. 두 번째 이유는 공부할 자료가 일반 사전밖에 없다는 것이다. 일반 사전에는 실생활에서 사용할 일이 없는 용례까지 모두 실려 있기 때문에 학습자들이 효율적으로 공부하기 어렵다. 각 용어의 미묘한 뉘앙스를 파악하기도 힘들다. 한마디로 일반 사전만으로는 '살아 있는 일본어'를 익히기 어렵다는 뜻이다.

그래서 함께 한국어-일본어 번역을 공부하고 연구한 여섯 명의 저자는 기존의 사전을 대체할 의성어·의태어 학습서가 필요하다고 판단했다. 일본어를 배우는 한국인 학습자가 조금이라도 수월하게 공부하기를 바라는 마음으로, 일본어 원어민과 한국어 원어민이 힘을 합쳐 한일 언어와 문화에 대해 토의하며 책을 집필했다. 실생활에서 자주 사용되는 일본어 의성어·의태어를 선별하고, 한국인 독자가 이해하기 쉽도록 미묘한 뉘앙스를 살려 설명하고자 했다.

몹시 까다로운 작업이었다. 책에 실을 의성어·의태어를 선별하는 과정부터 난관이었다. 의성어·의태어를 다른 부사와 구분하는 학문적 기준이 없어 그 정의가 분명하지 않은 데다, 저자들은 저마다 각 용어의 쓰임새와 사용 빈도를 다르게 인지하고 있었다. 그래서 깊은 논의를 거쳐 여섯 명의 저자 모두가 사용 빈도가 높은 의성어·의태어라고 인정하는 용어를 추려냈으며, 그 용어들을 설명하는 문구 역시 오랜 시간을 들여 정의하고 수정했다. 외부의 도움도 받았다. 오랫동안 일본어 교육에 종사해온 일본인 감수자의 도움을 받아 책의 질을 한층 더 높였다.

이 책을 통해 독자들은 다음과 같은 효과를 얻을 수 있을 것이다. 첫째, 의성어·의태어의 미묘한 뉘앙스를 파악할 수 있다. 각 의성어·의태어와 자주 짝을 이루는 동사로 예문을 만들었기 때문에 독자들은 상황을 쉽게 상상할 수 있고, 해당 용어의 '이미지'를 머릿속에 그릴 수 있게 될 것이다. 둘째, 일본어를 효율적으로 공부할 수 있다. 실사용 빈도가 낮은 용어는 수록하지 않았기 때문에 독자들은 정말 필요하고 중요한 용어를 학습할 수 있다. 셋째, 어휘력을 키울 수 있다. 이 책에는 다양한 상황을 가정한 예문이 실려 있기 때문에 전반적인 어휘력 향상을 기대할 수 있다. 따라서 풍부한 일본어 표현을 사용하고 싶은 사람, 딱딱하지 않고 자연스러운 일본어를 구사하고 싶은 사람, 일본어 번역에 관심이 있는 사람에게 이 책을 추천한다.

끝으로, 책이 세상에 나오기까지 도움을 준 많은 분들에게 고마움을 표하고 싶다. 학습자의 시선에서 진정으로 유익한 책을 만들 수 있도록 도와주신 이시이 히로코 감수자님, 까다로운 작업임에도 불구하고 애정을 갖고 이 책을 세심하게 다듬어주신 편집자님과 디자이너님, 출판에 문외한이던 저자들이 성공적으로 책을 낼 수 있도록 아낌없이 도와주신 H&Q 이철규 대표님과 이세희 대표님. 이분들이 없었다면, 이 책 또한 없었을 것이다. 다시 한번 감사드린다.

또한 우리의 노력이 헛되지 않도록 이 책을 읽어주실 독자 여러분께도 깊은 감사의 말씀을 드린다. 이 책이 여러분께 조금이라도 도움이 되기를 바라며, 다시 한번 마음 깊이 감사드린다.

권하영, 니시카와 카나코, 박소정, 윤보미, 이선희, 전하나

목차

## PART **01**
## 자연

# PART 02
## 인간 / 생물

# PART 03
## 사물

## 표제어

일상에서 자주 사용하는 의성어·의태어 가운데 첩어(반복되는 말)를 중심으로 선정했다. 유의어가 표제어의 의미 외에 다른 의미도 포함할 때에는 독립된 표제어로 수록했다.

## 유의어

의미나 형태가 표제어와 비슷한 말을 유 - 연 - 순 - 큰 - 작 순서로 수록했다.

- 유 표제어와 의미 및 뉘앙스가 유사해서 대체 가능한 말
- 연 표제어와 뉘앙스는 비슷하나 표제어와 달리 연속적인 말
  (예 쾅쾅, 뚝뚝, 콕콕)
- 순 표제어와 뉘앙스는 비슷하나 표제어와 달리 순간적인 말(예 쾅, 뚝, 콕)
- 큰 표제어와 뉘앙스는 비슷하나 표제어보다 큰말
- 작 표제어와 뉘앙스는 비슷하나 표제어보다 작은말

## 의미

최대한 오해의 소지가 없도록 표제어의 의미를 설명했다. 의미가 비슷한 다른 말과 구분하고, 미묘한 차이를 덧붙였다.

## 한국어 의성어·의태어

바꿔 말할 수 있는 한국어 의성어·의태어를 곁들였다. 일본어 표현에 딱 들어맞는 한국어 의성어·의태어가 없을 때에는 생략하되, 독자가 일본어 의성어·의태어에 도달할 수 있도록 그와 어울리는 부사, 형용사, 명사를 기재했다.

## 예문

기본적으로 표제어 하나당 예문 하나를 수록했다. 단, 상황에 따라 쓰임새가 다양하거나 유의어의 뉘앙스가 표제어와 조금 다를 때에는 표제어 하나에 여러 예문을 수록했다. 의성어는 가타카나로, 의태어는 히라가나로 표기하는 것을 원칙으로 했다. 그러나 사용 빈도에 따라 원칙을 지키지 않은 경우도 있다.

## 예문 해석

일본어 표현을 한국어로 일대일 번역하기 어렵거나 그대로 번역했을 때 오히려 어색하면 억지로 해석에 의성어·의태어를 넣지 않았다. 예문의 문맥과 상황을 통해 해당 의성어·의태어의 느낌을 익히고, 학습하기 바란다.

ˑᵕˑ

해 / 달 / 별 / 하늘
구름 / 연기
비
바람
천둥 / 번개
눈
물 / 바다
불
공기

# 자연

# 해 / 달 / 별 / 하늘

**ぽかぽか**

햇살이나 날씨가 적당히 포근하고 따뜻한 모양.
포근포근, 훈훈, 따사로이

勉強しなければならないのに、春の日差しが
ぽかぽかと暖かくて眠くなる。

공부해야 하는데 봄볕이 포근해서 잠이 쏟아진다.

---

**さんさん**
[燦燦]

태양이 밝고 찬란하게 빛나는 모양.
쨍쨍

<ruby>燦燦<rt>さんさん</rt></ruby>と降り注ぐ太陽の光を浴びながら公園を
歩いた。

쨍쨍 내리쬐는 햇빛을 맞으며 공원을 걸었다.

---

**じりじり**

살갗이 탈 정도로 햇볕이 뜨겁게 내리쬐는 모양.
이글이글

太陽がじりじりと照りつけ、アスファルトの
上には<ruby>陽炎<rt>かげろう</rt></ruby>が揺れている。

태양이 뜨겁게 작열해 아스팔트 위로 아지랑이가 일렁인다.

---

**きらきら**
㉛ きらっ
   きらり

해 또는 별이 밝게 빛나는 모양.
반짝반짝

陽の光がきらきら輝く水面に、一匹の魚が
飛び跳ね、波紋が広がった。

햇빛이 반짝반짝 빛나는 수면에 물고기 한 마리가 튀어올라 파문이 일었다.

## ぎらぎら

눈이 따가울 정도로 햇빛이 강렬하게 내리쬐는 모양.
쨍쨍

太陽がぎらぎらと照りつける夏は、汗が滝のように流れる。

태양이 쨍쨍 내리쬐는 여름에는 땀이 비오듯 쏟아진다.

## かんかん

땡볕이 따갑게 내리쬐는 모양.
쨍쨍

かんかんと太陽が照りつけ、水田が干上がってしまった。

태양이 따갑게 쏟아져서 논이 바싹 말라버렸다.

## かっか

한여름 뜨거운 햇볕이 강하게 내리쬐는 모양.
이글이글

太陽がかっかと照りつける日には、日焼け止めや帽子が必須アイテムだ。

태양이 이글이글 내리쬐는 날에는 선크림과 모자가 필수다.

## すかっ

날씨가 좋아서 하늘이 쾌청한 모양.
활짝

すかっと晴れた空を見上げると、気持ちがよくなる。

활짝 갠 하늘을 올려다보면 기분이 좋아진다.

## からり

(유) からっ

날씨가 건조하고 맑아 상쾌한 모양.
활짝

久しぶりにからりと晴れたので、たまっていた
洗濯をした。

오랜만에 날이 활짝 개서 밀린 빨래를 했다.

---

## どんより

하늘이 흐리거나 공기가 탁한 모양.
우중충, 꿀꿀

彼女を失った僕の気持ちが分かるのか、空も
どんよりしていた。

그녀를 잃은 내 기분을 아는지 하늘도 우중충했다.

# 구름 / 연기

## ふわふわ

🟢 ふわっ

부드럽고 가벼운 물체가 공중에 떠다니는 모양.
두둥실, 둥실둥실, 둥둥

空にふわふわと浮かぶ雲は、まるで綿あめの
ようだ。

하늘에 두둥실 떠 있는 구름이 마치 솜사탕 같다.

5月になると、タンポポの綿毛が風に乗って
ふわふわと宙を舞う。

5월이 되면 민들레 홀씨가 바람을 타고 둥실둥실 공중에서 춤을 춘다.

転んだ拍子に手から風船がふわっと離れ、
あれよあれよという間に空高く昇って行って
しまった。

넘어지는 바람에 손에서 풍선이 빠져나갔고, 우왕좌왕하는 사이에 하늘
높이 날아가버렸다.

## もくもく

연기나 뭉게구름이 잇따라 피어오르는 모양.
모락모락, 뭉게뭉게

煙突から白い煙がもくもくと上がるのを見る
と、毎日ご飯を炊いてくれた母のことを思い
出す。

굴뚝에서 모락모락 피어나는 흰 연기를 보면 매일 밥을 지어주시던 어머
니가 떠오른다.

青い夏空に入道雲がもくもくと湧き上がって
いる。

푸른 여름 하늘에 뭉게구름이 뭉게뭉게 피어올랐다.

## むくむく

연기, 구름, 거품 등이 솟아나거나 점점 부풀어 커지는 모양.
뭉게뭉게

**黒雲がむくむくと湧き上がってきたかと思ったら、間もなく雨が降ってきた。**

먹구름이 뭉게뭉게 피어나나 싶더니, 곧 비가 내렸다.

## もわもわ

**俗 もわっ**

연기, 수증기, 냄새 등이 가득 퍼져 자욱한 모양.
자욱이, 가득가득

**お風呂場のドアを開けると、もわもわとした湯気に包まれた。**

욕실 문을 열자 자욱한 수증기가 내 몸을 감쌌다.

**もう7月なのでエアコンをつけないと、部屋の中がもわっとして暑い。**

벌써 7월이라 에어컨을 틀지 않으면 방에 열기가 가득 차서 덥다.

## もやもや

연기나 수증기 등이 가득 퍼져 자욱한 모양.
자욱이

▶ もわもわと달리 냄새에는 사용하지 않음

**ヘビースモーカーである父の部屋は、いつもタバコの煙でもやもやとしていた。**

골초인 아버지의 방은 항상 담배 연기로 자욱했다.

# 비

## ぽつぽつ

(순) ぽつり
ぽつん

(작) ぽつりぽつり

물방울이 조금씩 시간차를 두고 떨어지는 모양.
똑똑

朝から晴天が続いていたのに、昼間からぽつ
ぽつと雨が降り出した。

아침부터 날씨가 쭉 맑았는데 점심 무렵부터 똑똑 비가 내리기 시작했다.

なんだか雨が降りそうで空を見上げると、
雨粒が顔にぽつりと落ちてきた。

어쩐지 비가 올 것 같아서 하늘을 올려다보니 빗방울이 얼굴에 똑 떨어
졌다.

## ぱらぱら

(큰) ばらばら

비가 조금씩 흩뿌리며 내리는 모양.
똑똑

ぱらぱら降っていた雨がいつの間にか激しく
なった。

조금씩 흩뿌리던 비가 어느새 거세졌다.

## しょぼしょぼ

비가 약하게 내리는 모양.
부슬부슬, 보슬보슬, 추적추적

しょぼしょぼ降り続く雨のせいか、近ごろは
気分が落ち込んでいる。

비가 부슬부슬 내려서 그런지 요즘은 기분이 처진다.

## しとしと

비가 계속해서 조용히 내리는 모양.
푸슬푸슬, 추적추적

しとしと降る雨に濡(ぬ)れながら、カタツムリが
ゆっくり歩みを進めている。

보슬보슬 내리는 비를 맞으며 달팽이가 천천히 기어가고 있다.

---

## ざあざあ
🈠じゃあじゃあ

비나 물이 세차게 쏟아지는 소리 또는 그 모양.
쏴쏴, 콸콸, 좍좍

3日間も雨がざあざあ降り続けたので、川が
氾濫(はんらん)してしまった。

사흘이나 비가 세차게 쏟아져 강이 범람하고 말았다.

蛇口を勢いよくひねると、水がじゃあじゃあ
流れ出た。

수도꼭지를 힘차게 돌리자 물이 콸콸 쏟아져 나왔다.

## そよそよ

가벼운 바람이 부드럽고 조용하게 부는 모양.
살랑살랑, 간들간들, 솔솔

**最近は日差しが温かく、風もそよそよ吹き、
気持ちの良い日が続いている。**

요즘 햇살이 따뜻하고 바람도 살랑살랑 부는 덕분에 기분 좋은 날이 계속
되고 있다.

## すうすう

좁은 틈 사이로 바람이 불어오는 모양.
쉭쉭

**家が古いせいか、窓の隙間から冷たい風が
すうすうと入ってくる。**

집이 낡아서 그런지 창문 틈으로 찬바람이 쉭쉭 들어온다.

## ひゅうひゅう

🔁 ひゅうっ

바람이 계속 세게 부는 소리 또는 그 모양.
쌩쌩, 휭휭, 휙휙

**風は夜通しひゅうひゅうと吹き荒れていたが、
明け方になってやっと静まった。**

바람은 밤새 쌩쌩 불다가 새벽녘에야 잠잠해졌다.

**ドアを開けたとたん、ひゅうっと吹き付ける
風に思わず身をすくめた。**

문을 열자마자 바람이 휙 불어와 나도 모르게 몸을 움츠렸다.

## ぴゅうぴゅう

- (순) ぴゅうっ
- (긴) びゅうびゅう

거센 바람이 날카롭게 불어오는 소리 또는 그 모양.
씽씽

ぴゅうぴゅうと吹きつける真冬の北風は、身を切るように冷たかった。

씽씽 몰아치는 한겨울의 북풍은 살을 에는 듯이 차가웠다.

びゅうびゅうと吹き続ける嵐の音で、昨夜はなかなか寝付けなかった。

사납게 휘몰아치는 바람 소리 때문에 어젯밤에는 좀처럼 잠들 수 없었다.

## ごうごう

- (순) ごぉーっ

세찬 폭풍이 계속 몰아치는 소리 또는 그 모양.
횡횡

台風がごうごうと吹き荒れて、海は大しけとなった。

태풍이 세차게 몰아쳐 바다가 성난 듯 거칠어졌다.

ゴォーッと吹きつける突風で、ドアがバタンと閉まった。

거세게 몰아치는 돌풍에 문이 꽝 닫혔다.

# 천둥 / 번개

자연

**ごろごろ**

천둥이 짧게 울려 퍼지는 소리 또는 그 모양.
우르릉, 와르릉

雷がゴロゴロ鳴り、稲妻がぴかっと光ると、子どもたちは枕を抱えて私の部屋に走ってきた。

천둥이 우르릉거리고 번개가 번쩍이자, 아이들이 베개를 안은 채 내 방으로 달려왔다.

**どどーん**

벼락이 치거나 무언가가 폭발하는 소리.
쾅

ゴロゴロ、ドドーンという音がした。おそらくどこかに雷が落ちたのだろう。

우르릉 쾅 하는 소리가 들렸다. 아마 어딘가에 벼락이 친 모양이다.

## ちらちら

(유) ちらほら
(작) ちらりちらり

눈발이 드문드문, 하나둘씩 날리는 모양.
폴폴, 푸설푸설

**午前中は日が差していたが、正午を過ぎると雪が**ちらちら**と舞い始めた。**

오전에는 해가 쨍했는데 정오가 지나자 눈이 폴폴 흩날리기 시작했다.

**スキー場に着くと娘の願い通り、**ちらほら**と雪が降り出した。**

스키장에 도착하자 딸의 소원대로 눈발이 드문드문 날리기 시작했다.

## はらはら

눈이 계속 조용히 흩날리는 모양.
시름시름

はらはら**と舞う雪を見ていると、なんとなく癒される。**

조용히 흩날리는 눈을 보고 있자니 왠지 힐링된다.

## こんこん

굵은 눈발이 계속 내리는 모양.
평평, 펄펄

**雪が**こんこん**と降りしきる中、友達と雪合戦をしたり、雪だるまを作ったりした。**

펑펑 내리는 눈 속에서 친구들과 눈싸움도 하고 눈사람도 만들었다.

## しんしん

굵은 눈이 소리 없이 내리는 모양.
평펑

▶ 눈이 조용히 쌓이는 이미지

温泉旅館に雪が しんしん 降り積もる様子は、まるで風景画のようだった。

눈이 펑펑 내리는 온천 료칸은 마치 풍경화 같았다.

# 물 / 바다

### ぽたぽた

⊜ ぽたっ
　 ぽたり
　 ぽたん

액체가 연이어 가볍게 떨어지는 소리 또는 그 모양.
똑똑

**雨どいから雨だれがぽたぽたしたたり落ちる
音に、そっと耳を傾けた。**

처마 물받이에서 낙숫물이 똑똑 떨어지는 소리에 가만히 귀를 기울였다.

---

### ぼたぼた

⊜ ぼたっ
　 ぼたり
　 ぼたん

액체가 연이어 무겁게 떨어지는 소리 또는 그 모양.
뚝뚝

**ローラーに塗料をつけすぎると、塗るときに
ぼたぼた落ちたりむらができたりする。**

롤러붓에 페인트를 너무 많이 묻히면 칠할 때 뚝뚝 떨어지거나 뭉친다.

**いつもは笑顔の母も、買ったばかりのカー
ペットにぼたっと落ちた絵の具だけは許せな
かったようだ。**

항상 웃는 얼굴인 엄마도 산 지 얼마 안 된 카펫에 뚝 떨어진 물감만큼은
그냥 넘어가지 못한 것 같다.

---

### ぽとぽと

⊜ ぽとっ
　 ぽとり
　 ぽとん

액체나 작고 가벼운 물체가 연이어 떨어지는 소리 또는
그 모양.
톡톡, 뚝뚝

**傘からぽとぽと垂れた水のしずくで、床に
水たまりができた。**

우산에서 물이 뚝뚝 떨어져 바닥에 고였다.

インクは水に ぽとり と落ち、どんどん広がって
いった。

잉크가 물속으로 톡 떨어진 뒤 점점 퍼져나갔다.

ツバキは散るとき、花が丸ごと ぽとり と落ちる。

동백은 꽃이 질 때 봉오리째 톡 떨어진다.

---

## ぼとぼと

㊇ ぼとっ
　 ぼとり
　 ぼとん

액체나 물체가 연이어 떨어져서 나는 둔탁한 소리 또는
그 모양.

뚝뚝

ハケの先からペンキが ぼとぼと 垂れ落ちた。

붓 끝에서 페인트가 뚝뚝 떨어졌다.

---

## ぽちゃん

㊌ ぽちゃっ

작고 가벼운 물체가 물에 떨어질 때 나는 소리.

퐁당

投げたコインがトレヴィの泉に ぽちゃん と
落ちたら、もう一度ローマに来られるという。

트레비 분수 안에 동전이 퐁당 들어가면 다시 로마에 올 수 있다고 한다.

---

## ぴちゃぴちゃ

㊇ ぴちゃっ

액체가 작게 튀는 소리 또는 그 모양.

참방참방, 찰박찰박

子犬が水たまりに入ると、水が ぴちゃぴちゃ
飛び散った。

강아지가 물웅덩이에 들어가자 물이 참방참방 튀었다.

## ちゃぷちゃぷ

⊖ ちゃぷん

물이 가볍게 튀는 소리 또는 그 모양.
참방참방

この公園には浅い小川があり、小さい子ども
でも安心してちゃぷちゃぷ水遊びができる。

이 공원에는 얕은 개울이 있어 어린 아이들도 안심하고 참방참방 물놀이
를 할 수 있다.

---

## ちょろちょろ

⊖ ちょろっ
ちょろり

물이 잔잔하게 흐르는 소리 또는 그 모양.
졸졸, 조르르

ちょろちょろ流れる川の音を聞くのは、家の
周辺を散歩する時の楽しみである。

졸졸 흐르는 냇가의 물소리를 듣는 것이 집 주변을 산책할 때 느낄 수 있
는 즐거움이다.

---

## たぷたぷ

⊕ たぷんたぷん

용기에 가득 찬 물이 자꾸 넘칠 듯 흔들리는 모양.
찰랑찰랑

バスタブに張ったお湯がいっぱいになり、
たぷたぷと揺れていた。

욕조 안에 든 물이 가득 차서 찰랑거렸다.

---

## ざざっ

파도가 순간적으로 세차게 밀려오거나 부딪치는 소리.
쏴아, 철썩

波がざざっと押し寄せ、靴がびしょびしょに
濡れてしまった。

파도가 쏴아 밀려와 구두가 흠뻑 젖고 말았다.

# ざぶざぶ

🔵 じゃぶじゃぶ

🟢 ざばっ
　ざぶっ
　ざぶり
　ざぶん

## 1. 물을 크게 휘젓는 소리.
첨벙첨벙, 철벅철벅

ボールを取りに、ざぶざぶと川の中に入っていった。

공을 가지러 강으로 첨벙첨벙 들어갔다.

洗濯機を回すと、しばらくしてじゃぶじゃぶと水の音が聞こえてきた。

세탁기를 돌리자 잠시 후 철벅철벅하는 물소리가 들렸다.

子どもたちははしゃぎながら、ざぶんと勢いよくプールに飛び込んだ。

아이들은 신나서 수영장에 풍덩 뛰어들었다.

## 2. 파도가 치거나 물이 세차게 튀어 오르는 소리.
철썩

台風で岩肌に波がざばっと打ち付けられた。

태풍이 불자 파도가 바위 표면을 철썩 때렸다.

# 불

### ちろちろ

불꽃이 약하게 조금씩 타오르는 모양.
홀홀

**まだ火がちろちろと燃えていたので、もう一度水を掛けた。**

아직 불이 홀홀 타올라서 다시 한번 물을 끼얹었다.

### とろとろ

약한 불꽃이 오랜 시간 타오르는 모양.
뭉근히

**シチューは、肉が柔らかくなるまで弱火でとろとろ煮込むのがポイントだ。**

스튜는 고기가 부드러워질 때까지 약한 불에 뭉근하게 끓이는 게 중요하다.

### ぱちぱち

🔵 ぱちっ
🔴 ぱちばち

불꽃이 가볍게 계속 튀는 소리.
타닥타닥, 탁탁

**パチパチと音を立てて燃える焚き火を眺めながら、しばらく考えにふけってみる。**

타닥타닥 소리를 내며 타는 모닥불을 바라보면서 잠시 생각에 잠겨본다.

**めらめら**

불이 거세게 타오르며 번지는 모양.
활활, 이글이글

山火事は早い段階で消火しないと、一気に
めらめら燃え広がる。

산불은 초기에 진화하지 않으면 순식간에 번진다.

**ぼうぼう**
(合) ぼうっ

불이 한창 타오르는 모양.
화르르, 활활

川の向こうで建物が、ぼうぼうと燃え上がって
いる。

강 건너편에 있는 건물이 활활 타오르고 있다.

# 공기

## むんむん
### ㊜ むわっ

답답할 정도로 어떤 기운이나 열기가 가득한 모양.
후끈후끈, 후텁지근

**コンサート会場は、集まったファンの熱気が
むんむんと立ち込めていた。**

콘서트장은 모여든 팬들의 열기로 후끈했다.

**エアコンを切って窓を開けると、むわっとした
空気が部屋の中に流れ込んできた。**

에어컨을 끄고 창문을 열었더니 후텁지근한 공기가 방 안으로 밀려들어
왔다.

## むしむし
### [蒸し蒸し]

장마철처럼 찌는 듯이 덥고 습도가 높은 모양.
푹푹

**梅雨の時期になると、サウナのように蒸し
蒸しとした日が続く。**

장마철이 되면 사우나처럼 푹푹 찌는 날이 계속된다.

## じめじめ
### ㊜ じめっ

불쾌할 정도로 습기가 많은 모양.
후끈후끈
▶ 끈적한 느낌 없이 수분이 많은 모양

**暑くてじめじめする夏は、シャワーを浴びても
すぐ汗まみれになってしまう。**

덥고 습한 여름에는 샤워를 해도 금세 땀범벅이 되고 만다.

# じとじと

순 じとっ

불쾌할 정도로 습기가 많아 눅눅한 모양.
눅눅, 축축

▶ 끈적할 정도로 습기가 많은 느낌

## 部屋の空気がじとじとしていて、洗濯物がなかなか乾かない。

방 안의 공기가 눅눅해서 빨래가 잘 마르지 않는다.

감정

감각

행동

성격

외형

기타

# PART
## 02

인간 / 생물

# 감정

## にこにこ

🄾 にこっ
　にっこり
　にこり

가볍게 웃거나 미소를 짓는 모양.
생글생글, 싱글벙글, 방긋방긋

彼女はいつもにこにこしていて、怒った顔を見せたことは一度もない。

그녀는 항상 생글생글 웃기만 하고, 화난 얼굴을 보여준 적이 한 번도 없다.

---

## くすくす

🄾 くすっ
　くすり

웃음을 억누르지 못하고 작게 키득거리는 소리.
키득키득, 킥킥, 쿡쿡

困惑した僕の顔を見て、姉はもう我慢できないと言わんばかりにくすくす笑い出した。

당황한 내 얼굴을 보더니 누나는 더는 못 참겠다는 듯 키득키득 웃기 시작했다.

---

## にかっ

이가 보이도록 환하게 웃는 모양.
활짝

泣きべそをかいている子どもにお菓子を差し出すと、子どもはそれを手にしてにかっと笑った。

울상을 짓는 아이에게 과자를 내밀자 아이는 그것을 들고 활짝 웃었다.

## にたにた
(숙) にたっ

음흉하거나 기분 나쁜 표정으로 조용히 웃는 모양.
씨익

また何か悪いことを企んでいるのか、いたずら好きな弟はにたにた笑っている。

장난을 좋아하는 남동생은 또 무슨 나쁜 일을 꾸미는 것인지 씨익 웃는다.

## にんまり

만족스러워서 조용히 미소를 짓는 모양.
히죽

社長は全てが自分の計画通りになり、一人でにんまりと笑った。

사장님은 모든 것이 자신의 계획대로 되어 혼자 히죽 웃었다.

## にやにや
(숙) にやっ
にやり

소리 없이 의미심장한 미소를 짓는 모양.
히죽히죽

私は怒っているのに、あの子はにやにやしてばかりいる。

나는 화가 났는데 그 아이는 계속 히죽거릴 뿐이었다.

## へらへら

실없이 그저 해맑게 웃는 모양.
실실, 헤실헤실

彼のミスのせいで大変な状況だというのに、当の本人はへらへら笑ってばかりいる。

그의 실수 탓에 상황이 심각한데 당사자는 실실 웃고만 있다.

## けらけら
(日) げらげら

새된 소리로 마음껏 웃는 모양.
깔깔

▶ 불쾌하게 웃는 경우뿐만 아니라 즐겁게 웃는 경우에도 사용

**彼はライバルの失敗を見て、満足げにけらけら
笑った。**

그는 라이벌의 실수를 보고 만족스러운 듯 깔깔대었다.

---

## けたけた
(日) げたげた

경박스럽게 새된 소리를 내며 웃는 모양.
깔깔, 캴캴

▶ 불쾌하고 천박하게 웃는 경우에만 사용

**うちの子をからかって、けたけたと笑う隣の
子を見て、私はむかっとした。**

우리 애를 놀리면서 깔깔대는 옆집 애를 보니 울컥 화가 치밀었다.

---

## きゅんきゅん
(日) きゅん

감정이 고조되어 매우 두근거리거나 가슴이 미어지도록
절절한 모양.
두근두근, 심쿵

▶ 속어

**ただの友達なのに、彼の笑顔を見るたびに
私はキュンキュンしてしまう。**

그저 친구일 뿐인데 그의 미소를 볼 때마다 심장이 두근거린다.

**大好きな俳優にウインクを飛ばされ、胸が
キュンとした。**

좋아하는 배우가 나에게 윙크를 날려서 심쿵했다.

## めろめろ

사랑스러운 대상에 마음을 빼앗겨 이성을 잃고 실없이
구는 모양.

헬렐레

▶ 너무 좋아서 몸이 녹아내리는 이미지

**彼女を見ると、男女問わず誰もがメロメロに
なってしまう。**

그녀를 보면 남녀 불문하고 누구나 맥을 못 춘다.

## でれでれ

㊀ でれっ

이성에게 실없이 구는 모양.

헤벌쭉

▶너무 좋아 헤벌쭉 웃는 이미지

**女好きの弟は、可愛い女の子を見かけると、
デレデレと鼻の下を伸ばす。**

여자를 밝히는 내 남동생은 예쁜 여자만 보면 헤벌쭉한 표정을 짓는다.

## るんるん

마음이 들떠 콧노래를 부르는 소리 또는 그 모양.

룰루랄라, 흥얼흥얼

**今日は彼に会う約束があって、朝からルン
ルン気分だった。**

오늘은 그와 만나는 약속 때문에 아침부터 룰루랄라 기분이 들떴다.

## いそいそ

마음이 들떠서 성급하게 구는 모양.

부랴부랴, 허겁지겁, 허둥지둥

**少しでも早く彼に会いたくて、私はいそいそと
家を出た。**

조금이라도 빨리 그와 만나고 싶은 마음에 부랴부랴 집을 나섰다.

## どきどき

🔄 どきっ

기대감이나 기쁨, 두려움, 불안 등으로 심장이 뛰는 소리.

두근두근, 콩닥콩닥, 울렁울렁

▶ 긍정적인 상황과 부정적인 상황에 모두 사용

**面接を控え、不安や緊張で胸が**どきどき**した。**

면접을 앞두고 불안감과 긴장감 때문에 두근거렸다.

---

## うきうき

기대감으로 가슴이 뛰거나 기뻐서 가만히 있을 수 없는 모양.

두근두근, 들썩들썩

**大学に合格した息子は、キャンパスライフを**
**想像し、**うきうき**していた。**

대학교에 합격한 아들은 대학 생활을 상상하며 신이 났다.

---

## わくわく

기대감이나 기쁨으로 주체할 수 없이 가슴이 뛰고 설레는 모양.

두근두근

▶ 긍정적인 상황에만 사용

**明日のピクニックを想像するだけで、今から**
**胸が**わくわく**する。**

내일 소풍 가는 상상만 해도 벌써 가슴이 두근거린다.

---

## きゃぴきゃぴ

명랑하고 생기 넘치는 모양.

생기발랄

▶10대 여자아이에게 주로 사용

キャピキャピ**した女子学生の集団を見ると、**
**自ずと昔のことが思い出される。**

생기발랄한 여학생 무리를 보고 있으면, 자연스레 옛 기억이 떠오른다.

## ほくほく

기쁜 마음이 감춰지지 않아 겉으로 드러나는 모양.
싱글벙글

▶ 주로 뜻밖의 수익을 얻은 상황에 사용

**買ったばかりの株が急に値上がりしたので、
彼はほくほくしている。**

산 지 얼마 안 된 주식이 갑자기 올라서 그는 싱글벙글했다.

---

## うほうほ

**合** うほっ

들뜬 마음을 감추지 않고 그대로 드러내는 모양.
들썩들썩

**今日の給食はとんかつなので、生徒はみんな
うほうほ喜んでいる。**

오늘 급식 메뉴가 돈가스라서 학생들 모두 들떠 있다.

---

## ほのぼの

마음이나 분위기가 훈훈해지거나 녹는 모양.
훈훈

**列車に乗り込んできたネコがシートに座った
ので、ほのぼのとした雰囲気になった。**

열차에 들어온 고양이가 의자에 앉자, 분위기가 따뜻해졌다.

---

## あつあつ

깨가 쏟아질 듯 둘의 사이가 아주 좋은 모양.
알콩달콩, 꽁냥꽁냥

**姉夫婦は結婚して10年も経つのに、今でも
アツアツだ。**

언니네 부부는 결혼한 지 10년이 넘었는데도, 아직까지 알콩달콩하다.

**いちゃいちゃ**

커플이 딱 붙어 애정 표현을 하는 모양.
꽁냥꽁냥

公共施設でいちゃいちゃしているカップルは
とても見苦しい。

공공시설에서 끈적한 스킨십을 나누는 커플은 참으로 볼썽사납다.

**げんなり**

지치거나 싫증이 나서 힘이 빠진 모양.
지긋지긋

客からのクレームが殺到し、店員は皆げんなり
した様子だ。

고객의 클레임이 빗발치자, 점원 모두 지친 것 같다.

**あきあき**
[飽き飽き]

어떤 일에 싫증을 느끼는 모양.
지긋지긋

ここ一週間、サラダばかり食べていたら飽き
飽きしてきた。

일주일 동안 샐러드만 먹었더니 지긋지긋하다.

**うんざり**

어떤 일에 질려서 진절머리가 나는 모양.
지긋지긋

父の言いなりになるのは、もううんざりだ。

아버지가 시키는 대로만 하는 건 이제 진절머리가 나.

## むすっ

<sub>유</sub> ぶすっ

심통이 나서 꽁한 모양.
꽁하게, 뚱하게

**彼が一日中むすっとした顔をしているのは、会議で出した意見がつぶされたからだろう。**

그는 하루 종일 심통난 표정을 하고 있는데, 아마 회의에서 낸 의견이 묵살되었기 때문인 것 같다.

---

## いらいら

<sub>순</sub> いらっ

일이 뜻대로 풀리지 않거나 스트레스를 받아 불쾌한 모양.
부글부글

**車が渋滞していて、なかなか前に進まずいらいらした。**

도로가 꽉 막혀 차가 좀처럼 움직이지 않자 속이 부글부글 끓었다.

---

## むかむか

<sub>순</sub> むかっ

1. 화가 치밀어 올라 날이 서있는 모양.
울컥울컥

**友人と喧嘩して、一日中ムカムカしている。**

친구와 싸워서 온종일 기분이 좋지 않다.

**彼氏の無神経な一言にムカッとした。**

남자친구의 무심한 한마디에 순간 화가 치밀어 올랐다.

2. 속이 좋지 않아 울렁거리는 모양.
메슥메슥, 울렁울렁

**昨夜お酒を飲み過ぎたので、今日は朝から二日酔いでムカムカする。**

어젯밤 과음을 해서 오늘은 아침부터 숙취로 속이 메슥메슥하다.

**むしゃくしゃ**

짜증이 나서 기분이 썩 좋지 않은 모양.
찝찝, 부글부글

友達と喧嘩<sup>けん か</sup>して、一日中気分がむしゃくしゃ
している。

친구와 싸워서 하루 종일 기분이 찝찝하다.

---

**かりかり**

신경이 날카롭게 곤두서 있는 모양.
예민하게, 뾰롱뾰롱

高3の娘がカリカリしているのは、多分明日の
テストのせいだろう。

고3 딸의 신경이 곤두서 있는 이유는 아마 내일 치를 시험 때문일 것이다.

---

**ぷりぷり**

못마땅해 토라진 모양.
뾰로통, 부루퉁

▶ 볼을 부풀리며 심통을 부리는 모양

彼女がぷりぷりしている日は、おとなしくして
いた方がいい。

여자친구의 심기가 불편해 보이는 날에는 잠자코 있는 편이 낫다.

---

**ぷんぷん**

1. 화가 나서 심통이 난 모양.
씩씩

▶ 볼을 부풀리고 콧김을 뿜으며 씩씩대는 이미지
　ぷりぷり보다 강하게 감정이 드러나는 이미지

申し訳なさそうな表情の男性と、ぷんぷん腹を
立てている女性が窓の外から見えた。

창밖으로 미안한 표정의 남자와 씩씩거리며 화를 내는 여자가 보였다.

2. 냄새가 심하여 코를 찌르는 모양.
풀풀

**隣の席からたばこの臭いがぷんぷんしてきて、頭が痛くなった。**

옆 좌석의 담배 냄새가 코끝을 찔러 머리가 아파왔다.

## かっか

윤 かっ

흥분할 정도로 화가 난 모양.
욱, 이글이글

**企画が通らなかったくらいで、かっかするな。**

기획안이 통과되지 않은 걸로 흥분하지 마.

**すぐカッとなる癖は直した方がいい。**

욱하는 버릇은 고치는 게 좋다.

## かんかん

화가 머리 끝까지 난 모양.
버럭버럭

**子どもが大嘘をついたので、母親はかんかんに怒っている。**

아이가 새빨간 거짓말을 해서 엄마는 불같이 화를 내고 있다.

## うるうる

순 うるっ

눈물이 차올라 당장이라도 울 것 같은 모양.
그렁그렁, 울먹울먹, 글썽글썽

**私が怒ると、彼の目がうるうるしてきた。**

내가 화를 내자 그의 눈에 눈물이 그렁그렁 맺혔다.

## ぐすんぐすん

🔁 ぐすん

코를 훌쩍이며 우는 소리.
훌쩍훌쩍

喧嘩<small>けん か</small>した後、妹はいつまでも ぐすんぐすん と
泣いていた。

싸우고 나서 여동생은 계속 코를 훌쩍이며 울었다.

ぐすん と涙ぐむ友達に、ハンカチを渡した。

코를 훌쩍이며 우는 친구에게 손수건을 건넸다.

---

## しくしく

소리 죽여 조용히 훌쩍이는 소리 또는 그 모양.
훌쩍훌쩍

主人公が死ぬシーンになると、観客はみんな
しくしく 泣き始めた。

주인공이 죽는 장면에서 관객은 모두 숨죽여 울기 시작했다.

---

## めそめそ

소리 죽여 조용히 우는 모양.
훌쩍훌쩍

▶ 침울해하거나 의기소침한 이미지

子どもが壊れたおもちゃを抱えて、部屋の
片隅で めそめそ と泣いている。

아이가 망가진 장난감을 꼭 안고 방구석에서 조용히 울고 있다.

---

## さめざめ

소리를 내지 않고 눈물만 계속 흘리는 모양.
하염없이, 주룩주룩

声を殺して さめざめ と泣く彼女の演技に胸を
打たれた。

숨죽여 하염없이 우는 그녀의 연기가 심금을 울렸다.

## おんおん
🈂 おいおい

큰 소리로 목 놓아 우는 모양.
엉엉, 꺼이꺼이

**30年ぶりに父親と再会した彼女は、まるで子どものように大声でおんおん泣いた。**

30년 만에 아버지와 재회한 그녀는 마치 어린아이처럼 큰 소리로 엉엉 울었다.

## もじもじ

1. 쑥스러움이 많아 수줍어하는 모양.
쭈뼛쭈뼛

**初めての授業で、その学生はもじもじしながら自己紹介をした。**

수업 첫날, 그 학생은 수줍어하면서 자기소개를 했다.

2. 용변을 참는 모양.
끙끙, 꼼지락꼼지락

**彼女は休憩時間にトイレに行けず、授業中ずっともじもじしていた。**

그녀는 쉬는 시간에 화장실에 가지 못해 수업 중에 계속 몸을 배배 꼬았다.

## うじうじ

미련이 남거나 용기가 없어 주저하는 모양.
머뭇머뭇, 우물쭈물

**告白する勇気がなくてうじうじしていたら、相手に恋人ができてしまった。**

고백할 용기가 없어서 머뭇머뭇했더니 상대에게 애인이 생겨버렸다.

## いじいじ

위축되어서 의사 표현을 확실하게 하지 못하는 모양.
우물쭈물, 쭈뼛쭈뼛, 머뭇머뭇

**言いたいことがあるなら、**いじいじ **しないで
はっきり言ってほしい。**

하고 싶은 말이 있으면 우물쭈물하지 말고 명확히 말해줬으면 한다.

---

## くよくよ

어떠한 일을 계속 마음에 담아두거나 고민하는 모양.
끙끙

**失敗を**くよくよ**悩んでいては、前に進めない。**

실수한 일로 끙끙대봤자 앞으로 나아갈 수 없다.

---

## たじたじ

상대에게 압도되어 주눅이 든 모양.
쩔쩔

**敵軍の歓声を聞いた兵士たちは、**たじたじ**と
なった。**

적군의 환호성을 들은 병사들은 쩔쩔맸다.

---

## おずおず

주저하면서 조심스럽게 행동하는 모양.
머뭇머뭇

**久々に訪ねてきた友人が、金を貸してほしいと**
おずおず**頼んできた。**

오랜만에 찾아온 친구는 머뭇머뭇하며 돈을 빌려달라고 부탁했다.

**すごすご**

일이 뜻대로 풀리지 않아 시무룩하게 떠나는 모양.
축

競技で負けたチームの選手らは、肩を落とした
まますごすごと退場した。

경기에서 진 팀의 선수들은 어깨를 축 늘어뜨린 채 힘없이 퇴장했다.

**まごまご**

당황하여 갈피를 잡지 못하는 모양.
머뭇머뭇, 우물쭈물, 어물어물

まごまごしていたら、すぐ敵に追いつかれて
しまう。

머뭇머뭇하다가는 적에게 바로 따라잡히겠어.

**もやもや**
🔊 もやっ

마음이 개운하지 않고 속이 타는 모양.
안달복달, 답답

脈なしの片思いでもやもやしても、自分が
苦しいだけだ。

가망 없는 짝사랑에 애태워봤자 나만 괴로울 뿐이다.

**そわそわ**

불안이나 기대로 마음이 술렁거려 어찌할 바를 모르는
모양.
안절부절

合格発表を前に、彼はそわそわ落ち着かない。

합격 발표를 앞두고 그는 안절부절 못한다.

**おどおど**

불안감이나 긴장감으로 쭈뼛거리는 모양.
쭈뼛쭈뼛

転校生はなかなか学校に馴染(なじ)めず、常におどおどしている。

전학생은 좀처럼 학교에 적응하지 못해 항상 쭈뼛쭈뼛한다.

---

**おろおろ**

심리적으로 강한 충격을 받아 혼란스러워 하는 모양.
허둥허둥

母が入院したという知らせに、父はおろおろするばかりだった。

어머니의 입원 소식을 듣고 아버지는 그저 허둥댈 뿐이었다.

---

**おたおた**

갑작스러운 일에 당황하여 적절하게 대응하지 못하는 모양.
갈팡질팡

いきなり客がどなりこんできたので、皆おたおたした。

갑자기 손님이 들어와 거세게 항의를 하자 모두 갈팡질팡했다.

---

**あたふた**

마음이 급해 분주하게 행동하는 모양.
허둥지둥

突然、親が訪ねてきたので、あたふた部屋を片付けた。

갑자기 부모님이 찾아와서 나는 허둥지둥 방을 치웠다.

**どぎまぎ**

갑작스러운 일에 당황하여 가슴이 두근거리는 모양.
허둥지둥

好きな女の子とスーパーで鉢合わせになり、
少年はすっかりどぎまぎしてしまった。

좋아하는 여자아이와 마트에서 마주치는 바람에 소년은 그만 허둥거리고
말았다.

---

**しどろもどろ**

당황해서 횡설수설하는 모양.
횡설수설

<sup>うそ</sup>
嘘がばれないよう、彼はしどろもどろになり
ながらも必死で弁解した。

거짓말이 들통나지 않도록 그는 횡설수설하면서도 필사적으로 변명했다.

---

**ひやひや**

緊 ひやっ
ひやり

긴장되어 등골이 서늘한 모양.
조마조마, 오싹오싹

かくれんぼは鬼にみつからないよう、ひやひや
しながら隠れるのがおもしろい。

숨바꼭질은 술래에게 들키지 않도록 조마조마하며 숨는 것이 재미있다.

---

**やきもき**

걱정이 되어 어찌할 바를 모르는 모양.
안절부절

3日たっても彼女から何の連絡もないので、
彼はやきもきしていた。

사흘이 지나도 그녀에게 통 연락이 없어서 그는 안절부절못했다.

**はらはら**

손에 땀을 쥐고 지켜보거나 가슴 졸이는 모양.
조마조마, 두근두근

**観衆は**ハラハラ**しながら、試合の行方を見守っていた。**

관중은 조마조마한 마음으로 경기의 흐름을 지켜봤다.

---

**ぱちくり**

갑작스러운 일로 상황 파악이 되지 않아 눈만 끔뻑이는 모양.
끔벅끔벅

**突然のことに子どもたちは皆、目を**ぱちくり**させていた。**

갑작스러운 일에 아이들은 모두 눈만 끔뻑였다.

---

**きょとん**

놀라거나 이해가 되지 않아 얼이 빠진 모양.
멀뚱멀뚱

**校長先生がいきなり教室に入ってきたので、生徒たちは皆**きょとん**とした。**

교장선생님이 갑자기 교실에 들어와서 학생들은 모두 어안이 벙벙했다.

---

**どきっ**

유 どっきり
どきり
どきん

갑작스러운 일에 깜짝 놀라서 두근거리는 모양.
깜짝, 두근

**ドラマの中で主人公が告白するシーンを見て、思わず**どきっ**とした。**

드라마에서 주인공이 고백하는 장면을 보니 나도 모르게 심쿵했다.

## ぎくっ

유 ぎくり
ぎくん

갑자기 허를 찔려 깜짝 놀라는 모양.
움찔, 흠칫

授業中にマンガを読んでいたら、突然先生に
指名されたので、ぎくっとした。

수업 중에 만화를 읽고 있었는데, 갑자기 선생님이 불러서 움찔했다.

## あんぐり

어이없거나 놀라서 자신도 모르게 입이 벌어지는 모양.
떡, 쩍

亡くなったはずのおじいさんがいきなり現れ
たものだから、皆あんぐりと口を開けてし
まった。

돌아가셨다고 생각했던 할아버지의 등장에 모두 놀라 입이 떡 벌어졌다.

## ぎゃふん

상대방에게 압도당해 감히 한마디도 못하는 모양.
합, 헉

今回のテストでは必ず一番になって、クラスの
みんなをぎゃふんと言わせてやる。

이번 시험에서는 반드시 1등을 해서 반 아이들을 찍소리 못하게 만들 거야.

## びくびく

순 びくっ
びくり

다가올 일이 걱정되어 긴장하거나 불안해하는 모양.
벌벌, 조마조마

野良猫に餌をやると、びくびくしながら近づ
いてきた。

길고양이에게 먹이를 주자 벌벌 떨며 다가왔다.

## ぶるぶる

(순) ぶるっ

(작) ぷるぷる

추위나 공포, 분노, 긴장감으로 몸이 떨리는 모양.
벌벌, 부들부들, 덜덜

**彼女は真冬の寒さにぶるぶる震えながら、友人を待っていた。**

그녀는 한겨울 추위에 벌벌 떨면서 친구를 기다렸다.

---

## がくがく

추위나 공포, 피로, 긴장감으로 팔다리나 몸이 자꾸 잘게 떨리는 모양.
후들후들, 덜덜

▶ わなわなと달리 분노로 몸을 떨 때는 사용하지 않음

**勢いよく山に登ったが、下りる時は膝がくがく震えた。**

기세 좋게 산에 올랐지만, 내려올 때는 무릎이 후들거렸다.

---

## がちがち

(유) がちんがちん

(작) かちかち

심하게 긴장하거나 공포를 느껴 몸이 움츠러드는 모양.
바짝

**初めてのお見合いで私はガチガチに緊張してしまい、相手の顔もまともに見られなかった。**

나는 첫 맞선에서 바짝 긴장해 상대방 얼굴도 제대로 보지 못했다.

---

## がたがた

1. 추위나 공포, 긴장감으로 몸이 심하게 떨리는 모양.
달달, 덜덜, 오들오들, 와들와들, 후들후들

**熱が出たのか、寒気がして体がガタガタ震えた。**

열이 나는지 한기가 들어서 몸이 덜덜 떨렸다.

2. 당황하여 지나치게 허둥대는 모양.

야단법석

**100円失くしただけで、彼はさっきからずっと ガタガタ騒いでいる。**

고작 100엔 잃은 걸로 그는 아까부터 줄곧 야단법석을 떤다.

3. 이러쿵저러쿵 불만을 늘어놓는 모양.

투덜투덜, 구시렁구시렁

**そんなに気に入らないなら、ガタガタ文句を 言わずにさっさと自分でやればいいのに。**

그렇게 마음에 안 들면 투덜대지만 말고 자기가 하면 될 텐데….

## わなわな

분노나 공포, 긴장감으로 몸이 자꾸 떨리는 모양.

덜덜, 파르르

▶ がくがく와 달리 추위로 몸을 떨 때는 사용하지 않음

**必死で怒りを抑えているのか、彼は拳をぐっと 握りしめて唇をわなわなと震わせていた。**

그는 분노를 필사적으로 참고 있는 건지 주먹을 꽉 쥐고 입술을 파르르 떨었다.

## むくむく

감정이 점차 피어오르는 모양.

꿈틀꿈틀, 무럭무럭, 뭉게뭉게, 슬금슬금

**新学期になり、勉強する気がむくむくと湧いて きた。**

새학기가 되자 공부에 대한 의욕이 꿈틀꿈틀 솟아났다.

## むらむら

순 むらっ

분노, 억울함, 성적 욕구 등 다스리기 힘든 감정이 갑자기 끓어오르는 모양.
불끈불끈

彼女が現れると、胸の中に潜んでいた恨みがむらむらとこみ上げてきた。

그녀를 보자 가슴 속 원망이 불끈 끓어올랐다.

---

## ふつふつ

1. 분노나 기쁨, 열정 등이 점차 솟아오르는 모양.
스멀스멀

大学の正門をくぐると、ようやく大学生になったという実感がふつふつと湧いてきた。

대학교 정문에 들어서자 비로소 대학생이 되었음을 실감했다.

2. 액체가 서서히 끓어올라오는 모양.
보글보글

牛乳にふつふつと泡が立ってきたら、すぐに火を止めてください。

우유에 거품이 보글보글 올라오면 바로 불을 꺼주세요.

---

## うずうず

어떤 일을 하고 싶어서 참지 못하고 들썩이는 모양.
근질근질, 들썩들썩

息子はすぐにでもプールに飛び込みたくて、うずうずしている。

아들은 곧장 수영장에 뛰어들고 싶어 안달이 났다.

## ひしひし

감정이 사무칠 정도로 와닿는 모양.
뼈저리게, 절절히

▶ 주로 외부적인 요인으로 인해 어떤 감정을 깊이 느낄 때 사용

店を失った父の無念さが、ひしひしと伝わって
きた。

가게 문을 닫게 된 아버지의 허망한 심정이 뼈저리게 느껴졌다.

大きなプロジェクトを任され、責任をひしひしと
感じている。

큰 프로젝트를 맡아 막중한 책임감을 느낀다.

## しみじみ

어떤 감정을 절실하게 느끼는 모양.
절실히

病気になって、健康のありがたみをしみじみと
感じている。

병에 걸리고 나서야 건강의 소중함을 절실하게 느낀다.

# 감각

**いがいが**

염증 때문에 목이 따갑고 불쾌한 모양.
따끔따끔

風邪を引いたのか、喉<sup>のど</sup>がイガイガして何を
食べてもうまく飲み込めない。

감기에 걸렸는지 목이 따끔따끔해서 뭘 먹어도 삼키기가 힘들다.

---

**がらがら**

1. 목을 많이 사용했거나 감기에 걸려 쉰소리가 나는 모양.
걸걸

エアコンをつけっぱなしにして寝たせいか、
朝起きると喉<sup>のど</sup>がガラガラしていた。

에어컨을 켜 놓은 채 자서 그런지, 아침에 일어나니 목이 걸걸했다.

昨日カラオケで一日中歌ったら、ガラガラ声に
なってしまった。

어제 노래방에서 하루 종일 놀았더니 목이 걸걸하게 쉬고 말았다.

2. 가글을 할 때 나는 소리.
울걱울걱, 올각올각

風邪予防のため、塩水でガラガラとうがいを
した。

감기 예방 차원에서 소금물로 울걱울걱 가글을 했다.

## むずむず

1. 몸에 벌레가 기어가는 듯이 불쾌한 느낌이 드는 모양.
간질간질, 근질근질

**顔のニキビがむずむずして、もう我慢できない。**

얼굴에 난 여드름이 간질간질해 더 이상 참을 수 없다.

2. 어떠한 일을 하고 싶은 욕구가 올라와 좀이 쑤시는 모양.
간질간질, 근질근질

**息子は3日しか休んでいないのに、学校に行き
たくてむずむずしている。**

아들은 사흘 밖에 안 쉬었는데 학교에 가고 싶어 몸이 근질근질한 모양
이다.

## ごろごろ

눈에 이물질이 들어가 불편한 모양.
꺼끌꺼끌

**目がごろごろしたり、痛みを感じる場合は、
病院にお越しください。**

눈이 꺼끌꺼끌하거나 통증이 느껴지면 병원을 방문하시기 바랍니다.

## しょぼしょぼ

피로하거나 졸려서 눈을 계속 깜빡이는 모양.
껌뻑껌뻑, 슴벅슴벅

**目がしょぼしょぼするときは、すっきりタイプの
目薬をさすといい。**

눈이 침침할 때는 쿨링감이 느껴지는 안약을 넣으면 좋다.

## ちくちく

(순) ちくっ
ちくり

뾰족한 무언가가 피부를 계속 자극하는 모양.
따끔따끔, 쿡쿡

**私は肌がちくちくするのが苦手なので、冬になってもウール製のマフラーは絶対につけない。**

나는 피부가 따끔거리는 게 싫어서 겨울에도 울 소재 목도리는 절대 두르지 않는다.

---

## ひりひり

(순) ひりっ
ひりり

1. 매운맛이 혀를 자극해 통증을 느끼는 모양.
얼얼, 아리아리

**辛いものを食べて舌がひりひりするときは、アイスクリームを食べるとすぐに治まるらしい。**

매운 음식을 먹고 혀가 얼얼할 때는 아이스크림을 먹으면 금방 진정된다고 한다.

2. 피부가 화상을 입은 것처럼 쓰라린 모양.
따끔따끔

**傷口に消毒液を塗ると、ひりひりして仕方ない。**

상처 부위에 소독약을 바르면 따끔따끔해서 견딜 수 없다.

---

## ぴりぴり

(순) ぴりっ
ぴりり

1. 매운 음식이나 탄산음료가 혀를 자극하는 모양.
얼얼, 아리아리, 아릿아릿

**麻辣湯(マーラータン)は舌がぴりぴりしびれるような辛さが魅力だ。**

마라탕은 혀가 얼얼할 정도로 매운맛이 매력이다.

**2. 피부가 날카로운 자극을 받아 통증을 느끼는 모양.**

따끔따끔, 얼얼, 찌릿찌릿

**クラゲに刺された弟は、ぴりぴりとした痛みを訴えた。**

해파리에 쏘인 남동생은 따끔따끔한 통증을 호소했다.

**3. 긴장하여 신경이 날카로운 모양.**

예민히

**この会社は個人ノルマがあるせいで、いつも空気がぴりぴりしている。**

이 회사에는 개인별 목표량이 있는 탓에 분위기가 항상 예민하다.

---

## びりびり

㊀ びりっ
びりり

**전기가 오르는 것처럼 저릿한 모양.**

찌릿찌릿, 저릿저릿

**電気ウナギは攻撃をするとき、ビリビリと電気を放つ。**

전기뱀장어는 공격할 때 찌릿찌릿 전기를 내보낸다.

---

## きりきり

**위가 자극을 받아 통증을 느끼는 모양.**

콕콕

**最近、あまりの忙しさにストレスがたまったのか、胃がきりきり痛む。**

요즘 너무 바빠서 스트레스가 쌓였는지 위가 콕콕 쑤신다.

## ずきずき

상처가 계속 쑤셔서 아픈 모양.
욱신욱신, 쿡쿡

(순) ずきっ
ずきり

▶ 주로 상처, 충치, 관절통 등에 사용

(른) ずきんずきん

**雨が降ると、昔の古傷がずきずきと痛み出す。**

비가 오면 옛 상처가 욱신욱신 쑤시기 시작한다.

---

## じんじん

신체 일부가 계속 아프거나 저린 모양.
욱신욱신

▶ 주로 동상, 신경통 등에 사용

**アイスクリームを食べると、時々奥歯がじんじん痛くなる。**

아이스크림을 먹으면 가끔 어금니가 욱신욱신 쑤신다.

---

## がんがん

1. 머리가 울리며 아픈 모양.
웅웅, 욱신욱신, 지끈지끈

**昨日飲み過ぎたせいか、朝から二日酔いで頭ががんがん痛くてつらい。**

어제 술을 너무 많이 마셨는지 아침부터 숙취 때문에 머리가 웅웅 울려서 괴롭다.

2. 소리가 크게 울려서 시끄러운 모양.
시끌시끌

**選挙運動の車がガンガンと音をならしながら走っているので、街中がうるさい。**

선거 유세 차량이 시끄럽게 돌아다녀서 동네가 소란스럽다.

## ぞくぞく
(순) ぞくっ

오한, 공포, 감동으로 몸이 떨리거나 소름이 끼치는 모양.
오슬오슬, 오싹오싹, 섬찟섬찟, 섬뜩섬뜩, 으스스

インフルエンザにかかると、体がぞくぞくする
ような強い寒気を感じる。

독감에 걸리면 몸에 으슬으슬 심한 한기가 든다.

## へとへと

너무 지쳐서 일어나지 못할 정도로 기력이 쇠한 모양.
기진맥진, 노곤노곤

入社して1か月になるが、覚えることだらけで
毎日へとへとだ。

입사한 지 한 달 됐는데, 익혀야 할 게 많아서 매일 파김치 상태다.

## へなへな
(순) へなっ

충격을 받아 힘이 풀리는 모양.
흐늘흐늘

彼が事故に遭ったと聞いて、私はへなへなと
その場に座り込んでしまった。

그가 사고를 당했다는 소식을 듣고 나는 그 자리에 힘없이 주저앉고 말았다.

## くたくた
(순) くたっ

1. 매우 피곤해서 몸에 힘이 안 들어가는 모양.
노곤노곤, 나른히

一日中現場をはしごしたので、今日はもう
くたくただ。

오늘은 하루 종일 현장 곳곳을 뛰어다니느라 녹초가 되었다.

2. 채소가 심하게 가열되어 물러진 모양.
흐물흐물

ホウレンソウはすぐくたくたになるから、長く
ゆでてはいけない。

시금치는 금방 흐물흐물해지니까 오래 데치면 안 된다.

3. 물건이 낡아서 흐늘흐늘한 모양.
너덜너덜

入学するときは新しかった制服も、卒業する
頃にはくたくたになった。

입학할 때 새로 샀던 교복도 졸업할 즈음이 되자 다 해졌다.

---

## くらくら
🔵 くらっ
くらり

현기증이 일어 정신이 아득하고 어지러운 모양.
어질어질, 핑

急に立ち上がると、くらくらしたり、目の前が
白くなったりすることがある。

갑자기 일어나면 어질어질하거나 눈앞이 하얘지기도 한다.

---

## ぼんやり
🔵 ぼうっ

1. 얼빠진 듯 정신을 못 차리는 모양.
멍하니

ご飯も食べないでぼんやりしていたら、遅刻
してしまう。

밥도 안 먹고 멍하니 있으면 지각하고 만다.

2. 사물이 명확하지 않고 흐릿하게 보이는 모양.
가물가물

やはり年をとると、視界がかすんでぼんやり
する。

역시 나이가 들면 시야가 번지고 흐릿하게 보인다.

## ぼやぼや

유 ぼさぼさ

순 ぼさっ
ぼやっ

집중하지 못하고 멍하니 있거나 딴생각을 하는 모양.
우두커니, 멍하니

もうすぐテストが始まるというのに、ぼやぼや
していられない。

곧 시험이 시작되는데 우두커니 있으면 안 된다.

舞台の上でぼさぼさしているなんて、あり得
ない。

무대에서 멍하니 서 있다니, 말도 안 된다.

## 행동

### ちらちら

순 ちらっ
   ちらり

작 ちらりちらり

자꾸 곁눈질을 하거나 무언가가 시야에 아른거리는 모양.
흘긋흘긋, 힐끔힐끔, 언뜻언뜻

授業が終わりに近づくと、生徒たちは教室の
時計をチラチラと見始めた。

수업이 끝날 때가 다가오자 학생들은 교실 시계를 흘긋흘긋 보기 시작했다.

---

### じろじろ

순 じろっ
   じろり

상대가 불쾌할 정도로 빤히 쳐다보는 모양.
빤히, 뚫어지게

電車内で知らない人にじろじろ見られ、なん
だかむっとした。

전철에서 모르는 사람이 자꾸 빤히 쳐다봐서 왠지 열받았다.

---

### しげしげ

유심히 살펴보는 모양.
유심히, 찬찬히

街で渡されたチラシをしげしげと眺める人も
いる。

길에서 받은 전단지를 유심히 살펴보는 사람도 있다.

---

### まじまじ

시선을 떼지 않고 계속 눈여겨보는 모양.
물끄러미, 뚫어지게

彼の笑顔に思わず目を奪われ、まじまじと
見つめてしまった。

그의 웃는 얼굴에 무심코 눈길을 빼앗겨 물끄러미 쳐다보았다.

## つくづく

1. 주의 깊게 살피는 모양.
찬찬히

いつも帰りが遅い夫は、息子の寝顔をつくづくと寂しそうに眺めていた。

늘 늦게 퇴근하는 남편은 쓸쓸한 표정으로 아들의 잠든 얼굴을 찬찬히 바라보았다.

2. 절실하게 느끼는 모양.
절실히, 뼈저리게

あんなに念入りにチェックしたのに忘れ物をしてしまうなんて、つくづく情けないと思う。

그렇게 꼼꼼하게 확인했는데도 깜빡한 물건이 있다니 참으로 한심하다.

## きょろきょろ

⑤ きょろっ
きょろり

자꾸 이리저리 주위를 살피는 모양.
두리번두리번, 힐끔힐끔

道に迷ってきょろきょろしていたら、おばあさんが優しく声をかけてくれた。

길을 몰라 주위를 두리번거렸더니 어떤 할머니가 상냥하게 말을 건네셨다.

## ぎょろぎょろ

⑤ ぎょろっ
ぎょろり

눈을 자꾸 굴리며 노려보는 모양.
뒤룩뒤룩, 되록되록

警戒心の強い野良猫（のらねこ）が、目をぎょろぎょろさせている。

경계심이 강한 길고양이가 눈을 뒤룩뒤룩 굴리고 있다.

## ぎろぎろ

🔄 ぎろっ
　ぎろり

서슬이 시퍼렇게 눈을 부라리는 모양.
희번덕희번덕, 되록되록

ドアの隙間からのぞく ぎろぎろ とした目に気づき、ひやっとした。

문틈으로 희번덕거리는 눈을 발견하고 가슴이 철렁했다.

---

## ぎらぎら

🔄 ぎらっ
　ぎらり

눈을 섬뜩하게 번득이는 모양.
희번덕희번덕

彼の眼は憎悪に満ちあふれ、ぎらぎら と光っていた。

그의 눈은 증오로 가득 차 번득였다.

---

## らんらん

욕망이나 의욕에 차서 눈을 번득이는 모양.
형형히

まるで獲物を狙うかのように、オオカミが目をらんらん と光らせている。

늑대가 먹이를 노리는 듯 눈을 형형히 빛내고 있다.

---

## もぐもぐ

입안에 음식을 넣고 입을 다문 채 씹는 모양.
우물우물, 오물오물

リスは木の実をいっぱい詰め込んだ口をもぐもぐ させていた。

다람쥐는 입안 가득 열매를 넣고 오물거렸다.

## ぱくぱく

🄰 ぱくっ
　　ぱくり

🄱 ぱくぱく

1. 음식을 먹음직스럽게 먹는 모양.
냠냠

夫は私の作った料理なら、何でもぱくぱく食べてくれる。

남편은 내가 만든 요리는 뭐든지 맛있게 먹는다.

2. 계속 입을 다물었다 벌렸다 하는 모양.
뻐끔뻐끔

妹は金魚が口をぱくぱくさせている様子をじっと見ていた。

여동생은 금붕어가 입을 뻐끔뻐끔거리는 모습을 뚫어져라 쳐다봤다.

## もりもり

1. 음식을 많이 먹는 모양.
우걱우걱, 아귀아귀

もりもり食べている彼女の姿を見ていると、食欲がわいてくる。

복스럽게 먹는 그녀의 모습을 보고 있자니 식욕이 당긴다.

2. 의욕 넘치게 일을 진행하는 모양.
힘차게

しっかりリフレッシュしたことだし、今週も気合いを入れ直してもりもり働くぞ。

기분 전환도 제대로 했으니 이번 주도 다시 힘내서 열심히 일하자.

**むしゃむしゃ**

정신없이 게걸스럽게 먹는 소리 또는 그 모양.
우걱우걱

体重がやっと2キロ減ったのに、むしゃむしゃ食べてリバウンドしてしまった。

겨우 체중이 2킬로그램 줄었는데, 닥치는 대로 먹었더니 도로아미타불이 됐다.

---

**がぶっ**

유 がぶり

음식을 기운 넘치게 한 입 베어 무는 모양.
덥석

ハンバーガーといえば、やはりがぶっとかじりつくのがおいしい食べ方だ。

햄버거는 입을 크게 벌려 덥석 베어 무는 게 제맛이다.

---

**がつがつ**

배고픈 나머지 입을 크게 벌리고 게걸스럽게 음식을 먹는 모양.
우걱우걱

お腹をすかせた野良犬が、がつがつ餌を食べている。

굶주렸던 떠돌이 개가 게걸스럽게 먹이를 먹고 있다.

---

**ぺろぺろ**

작 ぺろりぺろり

쉴 새 없이 혀를 내밀며 핥는 모양.
날름날름, 할짝할짝

ネコは餌を食べ終わると、体をぺろぺろ舐め始めた。

고양이는 먹이를 다 먹고 나서 혀로 자기 몸을 핥기 시작했다.

## ぺろり

유 ぺろっ

게 눈 감추듯 음식을 먹어 치우는 모양.
날름

**お腹が空いていたので、パンを**ぺろり**と食べて
しまった。**

배가 고파서 빵을 날름 먹어버렸다.

## ずるずる

숨 ずるっ

1. 액체나 면류를 급하게 빨아들이는 소리 또는 그 모양.
후룩후룩, 후루룩

**憧れの先輩が麺を**ずるずる**すすっているのを
見て、とても幻滅した。**

동경하던 선배가 국수를 후루룩거리며 먹는 모습을 보고 매우 실망했다.

2. 어떤 일을 매듭짓지 못하고 뒤로 미루는 모양.
질질

**あのカップルは何回も別れと復縁を繰り返し、**
ずるずる**と関係を続けている。**

그 커플은 벌써 몇 번이나 만남과 헤어짐을 반복하며 관계를 질질 끌고 있다.

3. 물체가 바닥에 닿아 끌리는 모양.
질질

**子どもが毛布を**ずるずる**と引きずりながら、
ベッドに入った。**

아이가 이불을 질질 끌면서 침대에 올라갔다.

## くちゃくちゃ

입을 다물지 않고 음식물을 씹을 때 나는 불쾌한 소리.
쩝쩝, 질겅질겅

**食事中に**くちゃくちゃ**音を立てて食べるのは
行儀が悪い。**

식사 중에 쩝쩝 소리를 내면서 먹는 것은 매너가 아니다.

## ちびちび

작 ちびりちびり

액체를 조금씩 천천히 나누어 마시는 소리 또는 그 모양.
홀짝홀짝

彼は寂しそうにお酒をちびちび飲んでいる。

그는 외로운 듯 술을 홀짝홀짝 마시고 있다.

---

## ちゅうちゅう

액체를 빨아 마시는 소리 또는 그 모양.
쪽쪽

子どもが公園のベンチに座って、ジュースを
ちゅうちゅう飲んでいる。

아이가 공원 벤치에 앉아 주스를 쪽쪽 마시고 있다.

---

## ぐびぐび

순 ぐびっ

액체가 목으로 넘어가는 소리 또는 그 모양.
꿀꺽꿀꺽, 꼴깍꼴깍

▶ 주로 술을 마실 때 사용

先輩は黙ったまま、お酒をぐびぐび飲んでいる。

선배는 아무 말 없이 꿀꺽꿀꺽 술을 마시고 있다.

---

## ごくごく

순 ごくっ
　ごくり
　ごくん
　ごっくん

작 こくこく

액체를 들이켤 때 나는 소리 또는 그 모양.
꿀꺽꿀꺽

山頂に着いて、喉に<sup>のど</sup>ごくごく流し込む水は
世界一おいしい。

산 정상에 도착해 꿀꺽꿀꺽 마시는 물은 세상에서 제일 맛나다.

**がぶがぶ**

액체를 기운 넘치게 마시는 소리 또는 그 모양.
벌컥벌컥

長距離を走る時は、水をがぶがぶ飲まない
方がよいと言われている。

장거리를 달릴 때는 물을 벌컥벌컥 마시지 않는 편이 낫다고 한다.

**すぱすぱ**

계속 담배를 피우는 모양.
뻑뻑, 뻐끔뻐끔

彼は固い表情で、たばこをすぱすぱ吸っている。

그는 굳은 표정으로 뻑뻑 담배를 태우고 있다.

**むにゃむにゃ**

뜻을 알 수 없는 말이나 잠꼬대 등을 입안에서 중얼거리
는 모양.
옹알옹알

まだ目が覚めていないのか、子ネコたちは口を
むにゃむにゃさせている。

잠이 덜 깼는지 아기 고양이들은 입을 옹알옹알거리고 있다.

**ごにょごにょ**

입을 우물거려 말이 명확하지 않은 모양.
웅얼웅얼, 우물우물

母親に叱られた子どもは、ごにょごにょと
口ごもりながら言い訳していた。

아이는 엄마한테 혼날 때 웅얼거리며 변명을 했다.

## もごもご

분명하게 말하지 못하고 우물거리는 모양.
우물우물

好きな人に急に話しかけられたので、私は
もごもご口ごもってしまった。

짝사랑 상대가 갑자기 말을 걸어와서, 나는 말을 얼버무리고 말았다.

---

## ぼそぼそ

🔄 ぼそっ
　ぼそり

목소리를 낮추어 작게 속닥거리는 모양.
나직나직, 소곤소곤

部下たちを呼び集めた彼は、今回の作戦に
ついてぼそぼそと小声で説明し始めた。

부하를 불러 모은 그는 조용히 이번 작전에 대해 설명하기 시작했다.

---

## ひそひそ

남에게 들리지 않을 정도로 목소리를 낮추어 작게 속닥
거리는 모양.
속닥속닥

先生が教室を出ていくや否や、学生たちは
小さな声でひそひそと話し始めた。

선생님이 교실을 나가자마자 학생들은 작은 소리로 속닥거리기 시작했다.

---

## ぶつぶつ

1. 불평을 토로하는 모양.
꿍얼꿍얼, 구시렁구시렁

おもちゃを買ってもらえなかったので、息子は
一日中ぶつぶつと愚痴をこぼしていた。

장난감을 사주지 않았더니 아들은 하루 종일 꿍얼거리며 투덜댔다.

2. 작은 소리로 속닥이는 모양.
중얼중얼

生徒はぶつぶつつぶやきながら英単語を暗記
した。

학생은 중얼거리며 영단어를 암기했다.

**ぶつくさ**

불평이나 잔소리를 쏟아내는 모양.
투덜투덜

ぶつくさ文句ばかり言っている彼には、もう
うんざりだ。

볼멘소리만 하는 그에게 완전히 질려버렸다.

**つべこべ**

이런저런 이유를 대며 강하게 주장하는 모양.
이러쿵저러쿵

緊急時には、異議があってもつべこべ言わず、
指示に従うべきだ。

긴급 시에는 이의가 있어도 군소리 말고 지시에 따라야 한다.

**ぐちぐち**

불평이나 불만을 계속 중얼거리는 모양.
투덜투덜

私が誘いを断ると、彼はぐちぐち文句を言い
始めた。

내가 권유를 거절하자 그는 투덜투덜 볼멘소리를 하기 시작했다.

## くどくど

몇 번이고 똑같은 소리를 하는 모양.
장황하게

課長は酒を飲むたびに、くどくどと説教を
垂れる。

과장님은 술을 마실 때마다 똑같은 설교를 늘어놓는다.

## がみがみ

과하게 잔소리를 하거나 시끄럽게 혼내는 모양.
떽떽, 꽥꽥, 빽빽

今回失敗したことで、部長にがみがみ叱られた。

이번 실수로 부장님께 된통 혼났다.

## ずばずば
(순) ずばっ

에두르지 않고 단도직입적으로 말하는 모양.
거침없이, 서슴없이

何でもずばずば言う彼女は、みんなに嫌われ
ている。

무엇이든 직설적으로 말하는 그녀는 모두에게 미움을 받는다.

彼は言いにくいことでも、ずばっと言う性格だ。

그는 말하기 곤란한 것도 거침없이 말하는 성격이다.

## ずけずけ
(순) ずけっ

상대방의 기분을 고려하지 않고 직설적으로 말하는 모양.
거침없이

ずけずけと物を言う彼女の言い方に、傷つく
ときもある。

거침없이 말하는 그녀의 말투에 상처받을 때도 있다.

## ぎゃあぎゃあ

**1. 시끄럽게 불평 불만을 토로하는 모양.**
꽥꽥

デパートでお客さんらしき女性が、店員に
ぎゃあぎゃあ不満をぶつけていた。

백화점에서 손님처럼 보이는 여성이 점원에게 꽥꽥 불만을 쏟아내고 있었다.

**2. 시끄럽게 우는 모양.**
앵앵, 꺽꺽, 빽빽

意地っ張りな弟がぎゃあぎゃあ泣き始めると、
家族はみんな耳をふさいだ。

고집불통인 남동생이 시끄럽게 울어대자, 가족은 모두 귀를 막았다.

## けちょん
## けちょん

상대를 몰아세우는 모양.
호되게

大事なプレゼンテーションに失敗し、先輩に
けちょんけちょんにたたかれてしまった。

중요한 프레젠테이션을 망쳐서 선배에게 호되게 혼났다.

## すらすら
㊀ すらっ

막힘없이 말을 하는 모양.
술술

練習したおかげで、面接のときは質問にすら
すらと答えることができた。

연습한 덕분에 면접 때는 질문에 막힘없이 답할 수 있었다.

## ぺらぺら
(한) べらべら

1. 말을 가볍게 막하는 모양.
떠벌떠벌

口の軽い彼女は、人の秘密をペラペラ喋る。

입이 가벼운 그녀는 남의 비밀을 마구 떠벌린다.

2. 외국어를 능숙하게 구사하는 모양.
유창하게, 술술

留学経験があるからか、彼女は英語がペラペラだ。

유학 경험이 있어서인지 그녀는 영어가 아주 유창하다.

---

## はきはき

막힘없이 자신감 있게 말하는 모양.
또박또박, 시원시원

学生たちは、はきはきと演説する若いCEOに憧れの目を向けた。

학생들은 당당하게 연설하는 젊은 CEO에게 동경의 시선을 보냈다.

---

## ぺちゃくちゃ
(한) べちゃくちゃ

쉬지 않고 계속 수다를 떠는 모양.
재잘재잘, 조잘조잘

小学校時代、授業中に隣の友だちとよくぺちゃくちゃおしゃべりをしていた。

초등학교 다닐 때 수업 시간에 옆 친구와 자주 재잘거렸다.

## じゅるじゅる

(순) じゅるっ

침이나 콧물 등 끈적한 액체가 흐르는 모양.
줄줄, 질질

**幼い弟が公園で鼻水を**じゅるじゅる**垂らしながら遊んでいる。**

어린 동생이 공원에서 콧물을 줄줄 흘리며 놀고 있다.

## ほじほじ

손가락이나 막대기로 작은 구멍을 후비거나 긁적이는 모양.
후비적후비적

**彼は気まずくなると、鼻を**ほじほじ**ほじる癖がある。**

그는 어색할 때 코를 후비적거리는 버릇이 있다.

## くんくん

소리를 내며 코로 냄새를 맡는 모양.
킁킁

**子犬が私の元へ走ってきて、**くんくん**と匂いを嗅ぎまわっている。**

강아지가 내 곁으로 달려와 킁킁 냄새를 맡는다.

## ひくひく

(유) ぴくぴく

(순) ぴくっ
　　ぴくり
　　ぴくん

신체 일부분이 작게 움직이는 모양.
실룩실룩

**ウサギたちが鼻を**ひくひく**させながら、辺りを警戒している。**

토끼들이 코를 실룩실룩하며 주변을 경계하고 있다.

## ごほん
🈁 おほん

큼큼하며 (헛)기침을 하는 소리.
크흠

チャイムが鳴っても騒いでいる子どもたちを見て、先生はごほんと咳ばらいをした。

종이 쳤는데도 떠들썩한 아이들을 보고 선생님은 크흠 하며 헛기침을 했다.

---

## こんこん
🈁 げほげほ
ごほごほ

기침을 계속 하는 소리.
콜록콜록

インフルエンザが流行しているせいか、こんこんと咳をしている人が多い。

독감이 유행해서인지 콜록거리는 사람이 많다.

風邪をひいたのか、父は夜中にごほごほと咳をし続けた。

감기에 걸린 것인지 아버지는 밤새 콜록콜록 기침을 하셨다.

食事中にむせてげほげほ咳き込んでしまった。

식사 중 사레가 들려 심하게 쿨럭거렸다.

---

## ぺこぺこ

1. 머리를 자꾸 조아리거나 비굴하게 행동하는 모양.
굽신굽신, 굽실굽실

いつも上司にぺこぺこしている彼が珍しく言い返したので、皆びっくりした。

늘 상사에게 굽실거리는 그가 어쩐 일인지 말대꾸를 해서 모두 깜짝 놀랐다.

2. 소리가 날 정도로 배가 매우 고픈 모양.
꼬르륵, 쫄쫄

キャンプ場についた時には、すでにお腹が
ペコペコだった。

캠핑장에 도착했을 때는 이미 배가 꼬르륵거렸다.

## へこへこ

머리를 계속 조아리며 낮은 자세를 취하는 모양.
굽신굽신

モンスター顧客が大声でクレームをつけると、
店員はへこへこと頭を下げながら謝った。

진상 고객이 큰소리로 클레임을 걸자, 점원은 고개를 연신 숙이며 사죄했다.

## ぽんぽん

合 ぽん

부드럽게 토닥이는 모양.
토닥토닥, 톡톡

憧れの先輩がやさしく頭をぽんぽんしてきた。

좋아하는 선배가 내 머리를 부드럽게 토닥였다.

消毒剤を含ませたガーゼで、傷口をぽんぽん
叩いた。

소독약을 묻힌 거즈로 상처를 톡톡 두드렸다.

先生は、落ち込んだ生徒の肩をぽんと叩いて
励ました。

선생님은 기가 죽은 학생의 어깨를 가볍게 두드리며 격려했다.

## ぽりぽり

ⓔ ぽりぽり

1. 손톱으로 피부를 가볍게 긁는 소리 또는 그 모양.
북북, 긁적긁적

息子はアトピーで、いつも腕をぽりぽり掻いている。

아들은 아토피가 있어서 늘 팔을 긁적인다.

2. 딱딱한 물체를 씹어 먹을 때 나는 소리.
오도독오도독

フードドライヤーに果物を入れるだけで、ポリポリとした食感のおいしいドライチップスが出来上がる。

식품건조기에 과일을 넣기만 하면 바삭한 식감이 느껴지는 맛있는 건조칩이 완성된다.

## ごしごし

손으로 무언가를 강하게 비비거나 문지르는 모양.
싹싹, 빡빡

手のひらだけでなく指や爪(つめ)の間まで、ごしごしとしっかり洗ってください。

손바닥뿐만 아니라 손가락, 손톱 사이까지 빡빡 씻어주세요.

焦げ付いた鍋は重曹(じゅうそう)を使うと、たわしでごしごしこすらなくてもきれいになる。

눌어붙은 냄비는 베이킹소다를 이용하면 수세미로 박박 닦지 않아도 깨끗해진다.

## ぱちぱち

同 ぱちっ
ぱちり

### 1. 박수 치는 소리.
짝짝

ろうそくの火を吹き消すと、みんなパチパチ手をたたいて祝ってくれた。

촛불을 불어 끄자 모두들 박수를 치며 축하해주었다.

### 2. 눈을 자꾸 깜빡이는 모양.
깜빡깜빡

私が名前を呼ぶと、彼女は大きな目をぱちぱちさせながら、こちらを向いた。

내가 이름을 부르자 그녀는 커다란 눈을 깜빡이며 나를 바라보았다.

### 3. 카메라의 셔터를 연속해서 누르는 소리.
찰칵찰칵

今年大注目のスターなだけに、彼が登場した瞬間からパチパチとシャッターを切る音が止まらない。

올해 가장 주목받는 스타인 만큼 그가 등장하는 순간부터 찰칵찰칵 셔터 소리가 끊이지 않는다.

## ぐりぐり

무언가를 힘껏 누르며 천천히 돌리는 모양.
꾹꾹

母が五十肩で肩が痛いというので、肘でぐりぐりとマッサージしてあげた。

어머니가 오십견으로 어깨가 아프다고 하셔서 팔꿈치로 꾹꾹 마사지를 해드렸다.

## ぐいぐい

㊙ ぐいっ

1. 무언가를 힘껏 밀거나 당기는 모양.
밀치락달치락

満員電車で ぐいぐい 押されて、朝から腹が
立った。

혼잡한 지하철에서 뒷사람이 자꾸 밀어대는 통에 아침부터 화가 났다.

2. 어떤 일을 강하게 밀어붙이는 모양.
팍팍

自分のやりたいことであれば、彼は何の迷いも
なく ぐいぐい 進める。

그는 자기가 하고 싶은 일이라면 팍팍 밀어붙인다.

---

## ぺしぺし

㊙ ぺしっ

손으로 무언가를 가볍게 치는 소리.
찰싹찰싹, 툭툭

気を失った友人の頬を ぺしぺし 叩いてみた。

의식을 잃은 친구의 빰을 찰싹찰싹 때렸다.

---

## ばしばし

㊙ ばしっ
　 ばしん

맨손 또는 물건으로 강하게 계속 때리는 소리 또는 그 모양.
퍽퍽

お笑いの舞台を見に行ったのだが、面白すぎて
思わず隣の友人を ばしばし 叩いてしまった。

코미디 공연을 보러 갔는데 너무 재미있는 나머지 옆에 앉은 친구를 퍽퍽
때리고 말았다.

# ぴしゃっ

🔵 ぴしゃり

**1. 채찍질하는 소리.**
휙

騎手が**ピシャッ**と鞭を打つと、馬はさらに早く走り出した。

기수가 채찍질을 하자, 말은 더 빨리 내달렸다.

**2. 힘차게 문을 닫는 소리 또는 그 모양.**
쾅, 쿵

怒った祖父は部屋の引き戸を**ぴしゃり**と閉めたきり、夜まで出てこなかった。

화가 머리끝까지 난 할아버지는 방문을 쾅 닫더니 밤까지 나오지 않으셨다.

**3. 손바닥으로 상대방의 피부를 세게 때리는 소리 또는 그 모양.**
찰싹, 짝

彼女は僕の頬(ほお)に**ぴしゃり**と平手打ちを食らわせ、怒りで体を震わせた。

그녀는 내 뺨을 찰싹 때리고는 분노로 치를 떨었다.

**4. 물이 세차게 튀는 소리 또는 그 모양.**
찰싹

水たまりをうっかり踏んでしまい、服に水が**ぴしゃっ**と飛び散った。

실수로 웅덩이에 발을 내디뎌 옷에 물이 튀었다.

**5. 가차 없이 딱 잘라 말하는 모양.**
가차없이, 매정하게, 딱

「自分のせいでしょ」と先輩は**ぴしゃり**と言い捨て、助けてはくれなかった。

선배는 "네 잘못이잖아"라고 매정하게 말하며 도와주지 않았다.

행동 87

## ぽかっ

(유) ぽかり
ぽかん

1. 주먹으로 머리를 세게 때리는 소리 또는 그 모양.
딱

**友達がふざけて僕の頭をぽかっと叩いた。**

친구가 장난으로 내 머리를 딱 때렸다.

2. 큰 충격을 받아 입을 벌린 채 멍하니 있는 모양.
우두커니, 멍하니

**彼の死を知らされ、彼女は微動だにせず、ただぽかんとその場に立ち尽くしていた。**

그가 죽었다는 소식을 듣고 그녀는 미동도 없이 그저 그 자리에 우두커니 서 있었다.

........................................................

## ぽかすか

(유) ぽかすか
ぽかぽか

서로 격렬하게 싸우는 소리 또는 그 모양.
퍽퍽

**道端で男二人がぽかすか殴り合いを始め、警察沙汰になってしまった。**

길 한복판에서 두 남자가 치고받기 시작해 경찰이 출동하는 사태까지 벌어졌다.

........................................................

## ぼこぼこ

상대방을 심하게 때리거나 상처를 입히는 소리 또는 그 모양.
호되게, 된통

**悪役が主人公にボコボコにされるシーンで映画は終わる。**

악역이 주인공에게 된통 당하며 영화는 끝이 난다.

## ぐさぐさ

(순) ぐさっ
　　ぐさり

1. 반복적으로 강하게 찌르는 소리 또는 그 모양.
푹푹

マジシャンは、アシスタントの入った箱に
ぐさぐさとナイフを突き刺した。

마술사는 조수가 들어간 상자를 칼로 푹푹 찔렀다.

2. 상대방에게 반복적으로 심한 말을 들어 상처받은 모양.
쿡쿡

仲間の鋭い意見が、ぐさぐさと胸に突き刺さった。

동료의 날카로운 의견이 내 가슴을 쿡쿡 찔렀다

## ぶすぶす

(순) ぶすっ
　　ぶすり

끝이 뾰족한 물체로 부드러운 무언가를 깊이 찌르는 소리
또는 그 모양.
쿡쿡, 쑥쑥

肉をフォークでぶすぶす刺しておくと、下味が
よく染み込む。

고기를 포크로 쑥쑥 쑤셔 놓으면 밑간이 잘 밴다.

妹は太いストローをふたにぶすっと突き刺し、
タピオカミルクティーを一気に飲み干した。

여동생은 뚜껑에 두꺼운 빨대를 쑥 꽂고 버블밀크티를 단숨에 마셔버렸다.

## ずぶずぶ

(순) ずぶっ

깊은 곳으로 빠지거나 가라앉는 소리 또는 그 모양.
푹푹

危うく沼にずぶずぶはまりそうになった。

하마터면 늪에 푹푹 빠질 뻔했다.

船底に穴が開き、船は暗い海にずぶずぶと
沈んでいった。

바닥에 구멍이 난 배가 어두운 바닷속으로 깊숙이 가라앉았다.

## ずぼずぼ

🔁 ずぼっ
ずぼり

1. 얕은 늪이나 진흙 같은 질퍽한 곳에 발이 빠지는 모양.
푹푹

**雪道を歩こうとしたが、足が雪にずぼずぼとはまりこんで、なかなか前に進めない。**

눈길을 걸으려고 했지만 발이 푹푹 빠져서 앞으로 나아가기가 힘들다.

2. 묻혀 있던 무언가가 뽑혀 나오는 소리 또는 그 모양.
쑤욱

**大根を引っ張ると、根こそぎずぼっと抜けた。**

무를 잡아당기자 뿌리째 쑥 뽑혔다.

---

## てくてく

일정한 속도로 걷는 모양.
뚜벅뚜벅

**引っ越しを終えて、散歩がてらに町周辺をてくてく歩き回った。**

이사를 마치고 산책할 겸 동네 주변을 뚜벅뚜벅 걸어다녔다.

---

## とことこ

좁은 보폭으로 가볍게 걷는 모양.
종종

**とことこ歩く赤ちゃんの後を、二匹の子犬がついて行く。**

종종걸음으로 걸어가는 아기의 꽁무니를 강아지 두 마리가 쫓아다닌다.

## すたすた

앞만 보며 빠르게 걷는 모양.
성큼성큼

彼女はすっかり怒ってしまい、僕を置いて
すたすた先に行ってしまった。

그녀는 머리끝까지 화가 나서 나를 두고 먼저 성큼성큼 나가버렸다.

## つかつか

거침없이 다가가는 모양.
성큼성큼

店内で商品を見ていると、店員がつかつかと
歩み寄ってきた。

가게에서 상품을 보고 있는데 점원이 성큼성큼 다가왔다.

## ぶらぶら

(순) ぶらっ
ぶらり

정처없이 여기저기 여유롭게 걸어다니는 모양.
어슬렁어슬렁, 슬렁슬렁

街をぶらぶらしていたら、偶然昔の同級生に
ばったり出会った。

길거리를 어슬렁거리다가 우연히 동창을 만났다.

## ふらふら

(순) ふらっ
ふらり

1. 뚜렷한 목적 없이 걷는 모양.
정처 없이

あてもなくふらふら歩いていたら、いつの間
にか昔住んでいたマンションに来ていた。

정처 없이 걷다 보니 어느새 예전에 살던 아파트에 와 있었다.

**2. 물체가 안정감 없이 흔들리는 모양.**
흔들흔들, 휘청휘청

強風にあおられ、車のハンドルがふらふらした。

강풍으로 자동차 핸들이 흔들거렸다.

**3. 몸에 힘이 빠지고 의식이 흐릿한 모양.**
비틀비틀, 어질어질

会議当日、熱でふらふらする体を無理やり起こし、彼は会社に向かった。

회의 당일, 열이 나서 비틀거리는 몸을 억지로 일으켜 그는 회사로 향했다.

---

## うろうろ

**1. 정처 없이 마구 쏘다니는 모양.**
어슬렁어슬렁

通りをうろうろしていたら、警官に職務質問されてしまった。

거리를 어슬렁거리고 있는데 경찰관이 다가와 불심검문을 했다.

**2. 어찌할 바를 몰라 초조하고 불안한 모양.**
안절부절, 갈팡질팡, 우왕좌왕

社員証を失くした新入社員が、オフィスに入れずうろうろしていた。

사원증을 잃어버린 신입사원이 사무실에 들어가지 못해 안절부절못했다.

---

## とぼとぼ

**좁은 보폭으로 기운없이 걷는 모양.**
터벅터벅, 터덜터덜

テストで思ったほどの結果が出ず、がっかりしてとぼとぼと家へ向かった。

시험 결과가 생각보다 좋지 않아서 실망해 터덜터덜 집으로 향했다.

## よたよた

발걸음이 불안한 모양.
비틀비틀

▶ 걸을 때 몸이 앞뒤로 흔들리는 이미지

### 親友の事故の話を聞いて、彼はよたよたした足取りで病院へ向かった。

친한 친구의 사고 소식을 듣고 그는 비틀거리며 병원으로 향했다.

---

## よろよろ

④ よろっ

발에 힘이 제대로 들어가지 않아 쓰러질 듯 위태로운 모양.
비틀비틀, 휘청휘청

▶ 걸을 때 몸이 좌우로 흔들리는 이미지

### 受付に向かってよろよろと歩くおじいさんの姿が危なっかしくて心配になった。

접수처를 향해 비틀비틀 걷는 할아버지 모습이 위태로워 보여 걱정이 됐다.

---

## もたもた

능숙하지 않거나 하기 싫어서 꿈지럭거리는 모양.
꾸물꾸물, 꿈지럭꿈지럭

### もたもたしていると日が暮れてしまう。

꾸물거리고 있으면 하루가 저물어 버린다.

---

## のそのそ

④ のそっ
のそり
のっそり

동작이나 발걸음이 굼뜬 모양.
느릿느릿

### 砂浜でのそのそ歩いているカメを見つけた。

모래사장에서 느릿느릿 기어가는 거북이를 발견했다.

## のしのし
ⓛ のっしのっし

덩치가 큰 무언가가 움직이는 모양.
어기뚱어기뚱, 저벅저벅

**子どもの頃、動物園で**のしのし**歩く大きな**
**ゾウを見た。**

어린시절 동물원에서 쿵쿵거리며 걷는 커다란 코끼리를 보았다.

## ずしんずしん
ⓢ ずしん

육중한 무언가가 땅을 울리면서 걷는 소리 또는 그 모양.
쿵쾅쿵쾅, 쿵쿵

**ズシンズシンと音が響いたので振り返ると、**
**がたいのいい男が階段を降りているところ**
**だった。**

쿵쾅거리는 소리가 들려 돌아보니 건장한 남자가 계단을 내려오고 있었다.

## よちよち

아기가 뒤뚱거리며 천천히 걷는 모양.
아장아장

**赤ちゃんが**よちよち**歩く姿は本当にかわいい。**

아기가 아장아장 걷는 모습은 너무 귀엽다.

## ちょこちょこ

1. 종종걸음으로 빠르게 걷거나 달리는 모양.
종종, 총총

**ちょうちょを追いかけて、子どもが**ちょこ
ちょこ**歩き始めた。**

아이가 나비를 쫓아 종종거리며 걷기 시작했다.

### 2. 시간 간격을 오래 두지 않고 여러 번 거듭하는 모양.
자주자주, 거듭거듭

**ご近所ですので、これからはちょこちょこ**
**遊びに来てくださいね。**

이웃이니까 앞으로는 자주 놀러 오세요.

### 3. 일을 조금씩 진행하는 하는 모양.
조금씩

**空いた時間にちょこちょこ書いていた小説を、**
**出版することにした。**

틈이 날 때마다 조금씩 써왔던 소설을 출판하기로 했다.

### 4. 종종 눈에 보이는 모양.
드문드문

**開店当日は、お客さんがちょこちょこ入って**
**くる程度だったが、3日目の今日は長い行列が**
**できた。**

오픈 당일에는 손님이 드문드문 들어오는 정도였지만 사흘째인 오늘은
긴 줄이 생겼다.

---

## ちょこまか

덩치가 작은 사람 또는 동물이 쉬지 않고 재빠르게 움직
이는 모양.
촐랑촐랑

**庭では子犬が短い足でちょこまか走りながら、**
**ボールを追いかけている。**

마당에서는 강아지가 짧은 다리로 촐랑촐랑 달리며 공을 쫓고 있다.

## うろちょろ

눈앞에 사람이나 동물이 왔다 갔다 해서 신경에 거슬리는
모양.
얼쩡얼쩡

撮影中、子どもが現場をうろちょろして困った。

촬영 중에 아이들이 현장을 얼쩡거려서 난처했다.

## しゃなり
## しゃなり

하늘하늘한 옷을 입고 우아하게 걷는 모양.
사뿐사뿐

京都の路地で偶然、しゃなりしゃなり歩く
舞妓さんとすれ違った。
まいこ

교토의 골목에서 우아하게 걷는 무희와 우연히 마주쳤다.

## ひょこひょこ

사람이나 동물이 뒤뚝이듯이 움직이는 모양.
절뚝절뚝, 뒤뚱뒤뚱

足をかばいながらひょこひょこ歩く彼の姿が
痛々しかった。

다리를 감싸 쥐며 절뚝절뚝 걷는 그의 모습이 안쓰러웠다.

## ぴょこぴょこ

작은 생물이 튀어 오르듯 자꾸 작게 뛰는 모양.
폴짝폴짝, 깡충깡충

雨の日に散歩していると、カエルがぴょこ
ぴょこ跳ねていた。

비 오는 날 산책을 하는데 개구리가 폴짝폴짝 뛰고 있었다.

## ぴょんぴょん

**㊔ ぴょん**

경쾌한 모양새로 뛰어오르는 모양.
폴짝폴짝, 깡충깡충

▶ 작은 생물부터 비교적 큰 생물에까지 쓸 수 있음

小学生が校庭でぴょんぴょん縄跳びをしている姿を見て、昔が懐かしくなった。

초등학생이 운동장에서 폴짝폴짝 줄넘기하는 것을 보니 옛 시절이 그리워졌다.

---

## ひょっこり

**㊥ ひょこっ**

예상치 못하게 갑자기 나타나는 모양.
불쑥

ある日、東京に住んでいる兄がひょっこり遊びに来た。

어느 날 도쿄에 사는 형이 불쑥 놀러 왔다.

---

## ひょい

1. 가벼운 몸놀림으로 움직이는 모양.
훌쩍

畳に寝そべっている私を、子どもがひょいと飛び越えていった。

다다미에 누워 있는 나를 아이가 훌쩍 뛰어넘었다.

2. 예상치도 못한 곳에서 갑자기 나타나는 모양.
불쑥

かくれんぼしていた子どもが、柱の陰からひょいと顔を出した。

숨바꼭질하던 아이가 기둥 뒤에서 얼굴을 불쑥 내밀었다.

## ぞろぞろ

(俗) ぞろっ
　　ぞろり

대열을 이루어 줄지어 움직이는 모양.
주르르, 줄줄이

この道は下校時間になると、小学生がぞろぞろ
列をなして歩く。

이 길은 하교 시간이 되면 초등학생들이 주르르 줄지어 걷는다.

ひよこが親鳥にぞろぞろついて歩く姿を
見ると、思わず口元が緩んでしまう。

병아리들이 닭을 쫓아 줄줄이 걸어가는 모습을 보면 나도 모르게 미소가
지어진다.

## どやどや

많은 사람들이 소란스럽게 떼지어 이동하는 모양.
우르르

コンサートが終わると、会場から観客がどや
どやと出てきた。

콘서트가 끝난 후, 관객들이 우르르 콘서트장을 빠져 나왔다.

## わらわら

많은 사람이나 동물이 한꺼번에 모여들거나 흩어지는 모양.
우르르, 뿔뿔이

道端で生演奏が始まると、多くの人がわらわら
集まってきた。

길거리에서 라이브가 시작되자 사람들이 우르르 모여들었다.

花火大会が終わると、皆わらわら帰っていった。

불꽃놀이가 끝나자 모두 뿔뿔이 흩어져 집으로 돌아갔다.

## わんさか

유 わんさ

1. 사람이나 동물이 어떤 공간에 많이 모여드는 모양.
우르르

公園でハトに餌<ruby>餌<rt>えさ</rt></ruby>をやっていると、スズメも わんさか集まってきた。

공원에서 비둘기에게 먹이를 주니 참새까지 우르르 몰려들었다.

2. 필요 이상으로 양이 많아 넘치는 모양.
잔뜩

インターネットには、フェイクニュースがわんさとあふれている。

인터넷에는 가짜 뉴스가 넘쳐난다.

## わんさわんさ

사람이나 동물이 한곳에 잇따라 모여드는 모양.
우르르, 와르르

今日からバーゲンセールが始まるので、大勢の人がデパートにわんさわんさ押し寄せてきた。

오늘부터 바겐세일이 시작되어 많은 사람이 백화점으로 우르르 몰려들었다.

## うじゃうじゃ

유 うじょうじょ
うようよ

크기나 종류가 비슷하거나 같은 것끼리 떼지어 움직이는 모양.
우글우글, 바글바글

▶ 주로 작은 동물이나 벌레에 사용

地面に落ちたアイスクリームに、アリがうじゃうじゃ群れている。

땅바닥에 떨어진 아이스크림에 개미떼가 우글거린다.

## わいわい

여러 명이 모여 시끄럽게 떠드는 소리 또는 그 모양.
왁자지껄, 왁자글왁자글, 와글와글

▶ 신나고 즐거운 분위기

サラリーマンのストレス解消といえば、お酒を飲んでわいわいどんちゃん騒ぎをすることぐらいだ。

직장인들의 스트레스 해소법이라고는 왁자지껄 술판을 벌이는 것밖에 없다.

## がやがや

사람이 많이 모인 자리에서 각자 떠들썩하게 이야기하는 모양.
왁자지껄, 시끌시끌

▶ 사람의 말소리가 크고 시끄러운 느낌

新入生とその父兄でがやがやしていた会場も、入学式が始まるとしんと静まった。

신입생과 학부모로 떠들썩했던 행사장도 입학식이 시작되자 조용해졌다.

## ざわざわ

사람이 많아 소란스러운 모양.
웅성웅성

スピーチの途中で涙ぐんでしまったので、会場が急にざわざわし始めた。

연설 도중에 눈물을 글썽이자, 행사장이 갑자기 소란스러워졌다.

## ちゃかちゃか

침착성이 부족하고 덜렁거리는 모양.
덜렁덜렁

小学生の頃はちゃかちゃかしていた娘が、中学生になるとすっかり落ち着いた。

초등학생 때는 덜렁거리던 딸이 중학생이 되고 나서 많이 차분해졌다.

## せかせか

정신이 없어서 말이나 행동이 어수선한 모양.
허둥지둥, 하동지동

先生は教室に入ってきたかと思うと、出席簿を
手にせかせかと出て行った。

선생님은 교실에 들어오시자마자 출석부를 들고 허둥지둥 나가셨다.

## そそくさ

마음이 급해 허둥지둥 자리를 뜨는 모양.
허겁지겁, 허둥지둥, 총총히

姉が帰宅するなり、友人はそそくさと帰って
しまった。

누나가 집에 오자마자 내 친구는 허겁지겁 가버렸다.

## ずかずか

예의를 차리지 않고 서슴없이 어딘가에 들어가는 모양.
불쑥

私の部屋にずかずかと入ってきた弟に、思わず
かっとしてしまった。

내 방에 불쑥 들어온 동생에게 나도 모르게 울컥 화가 났다.

## どたばた

침착하지 못하고 소란스럽게 뛰어다니거나 날뛰는 소리
또는 그 모양.
우당탕, 쿵쾅쿵쾅

先生は教室でどたばた騒いでいる子どもたちを
注意した。

선생님은 교실에서 우당탕거리며 뛰어다니는 아이들에게 주의를 주었다.

## じたばた

**1. 사람 또는 동물이 손발을 버둥거리는 모양.**
바동바동

息子は遊園地でもっと遊びたいと、地面で
手足をじたばたさせながら駄々をこねた。

아들은 놀이공원에서 더 놀고 싶다고 땅바닥에서 발버둥치며 떼를 썼다.

**2. 어떤 상황을 맞닥뜨렸을 때 굳이 벗어나려고 애쓰는
모양.**
버둥버둥, 아등바등

じたばたしても無駄なので、救急隊を待つことに
した。

바둥거려봤자 소용없으니 구급대를 기다리기로 했다.

## ばたばた

**1. 사람이나 새, 동물이 팔다리를 격하게 움직이는 소리
또는 그 모양.**
버둥버둥, 퍼덕퍼덕, 푸드덕푸드덕

母ネコのお乳を探そうと、子ネコが足をばた
ばたさせている。

새끼 고양이가 어미 고양이의 젖을 찾으려고 발을 버둥거리고 있다.

**2. 바쁘게 움직이는 소리 또는 그 모양.**
허둥지둥

急用でばたばたしていたので、ランチのタイ
ミングを逃してしまった。

급한 일이 생겨 허둥대다 점심 먹을 시간을 놓쳤다.

**3. 사람이나 물체가 연달아 쓰러질 때 나는 소리 또는 그
모양.**
털썩털썩, 쿵쿵, 줄줄이

台風で街路樹がばたばた倒れた。

태풍으로 가로수가 연달아 쓰러졌다.

## ぱたぱた

1. 작은 새가 날개를 치는 소리 또는 그 모양.
파닥파닥

スズメが羽根をぱたぱたさせながら、飛び立つ練習をしている。

참새가 날개를 파닥거리며 나는 연습을 하고 있다.

2. 물건을 가볍게 터는 소리 또는 그 모양.
툭툭

布団のほこりをぱたぱたと叩いて払う。

이불에 붙어 있는 먼지를 툭툭 털어낸다.

3. 얇은 물건이 바람에 펄럭이는 소리 또는 그 모양.
펄럭펄럭

オリンピック会場では、世界各国の旗がぱたぱたはためいている。

올림픽 경기장에서 각국의 국기가 펄럭이고 있다.

## あっぷあっぷ

1. 물에 빠져 손발을 내젓는 모양.
허우적허우적, 어푸어푸

金づちの姉は浮き輪が流され、あっぷあっぷしながら助けを求めた。

맥주병인 언니는 튜브가 떠내려가자 허우적거리며 도움을 요청했다.

2. 시간적 또는 경제적으로 여유가 없는 모양.
빠듯하게, 빡빡하게

助けてやりたいが、うちもあっぷあっぷの状態なんだ。

도와주고 싶지만 우리도 좀 빠듯해.

## すいすい

빠르고 능숙하게 나아가는 모양.
쑥쑥, 쭉쭉, 휙휙

初めは水すら怖かったけど、今ではすいすい
泳げるようになった。

처음에는 물조차 무서웠지만, 이제는 능숙하게 수영을 할 수 있게 되었다.

兄は自転車の後ろに私を乗せたまま、海沿いの
道をすいすい走っていった。

오빠는 자전거 뒤에 나를 태운 채 해변 도로를 거침없이 달렸다.

## するする

🔁 するり
するっ

사람이나 동물, 물건이 막힘없이 이동하거나 움직이는
모양.
척척, 휙휙, 스륵스륵

サルはするすると木に登り、バナナをもぎ取った。

원숭이는 척척 나무에 올라 바나나를 땄다.

落とし穴に落ちて絶望していると、上から
するするとロープが降りてきた。

함정에 빠져 절망하고 있었는데, 위에서 밧줄이 스륵스륵 내려왔다.

## のびのび

1. 스트레스 없이 마음이 편하고 여유로운 모양.
느긋이

口うるさい社長が海外旅行に行ったので、
社員はみんなのびのびしている。

잔소리가 심한 사장님이 해외 여행을 가서 직원들은 모두 느긋이 시간을
보낸다.

2. 자꾸 일이 지연되어 잘 진행되지 않는 모양.
질질

**大雨で工事が**のびのび**になっている。**

비가 많이 와서 공사가 자꾸 지연되고 있다.

## すくすく

거침없이 순조롭게 성장하는 모양.
무럭무럭, 쑥쑥

**生まれて5か月の息子は**すくすく**育ち、体重が
すでに10キロある。**

태어난 지 5개월 된 우리 아들은 무럭무럭 자라 체중이 벌써 10킬로그램
이다.

## ぐんぐん

(순)ぐん

잠깐 사이에 훌쩍 자라거나 빠르게 나아가는 모양.
쑥쑥

**アサガオのつるは**ぐんぐん**伸び、屋根まで
届きそうな勢いだ。**

나팔꽃 넝쿨은 쑥쑥 자라 지붕까지 닿을 기세다.

**久しぶりに会った甥っ子の背が**ぐん**と伸びて
いて、子どもの成長は早いと思った。**

오랜만에 만난 조카의 키가 쑥 자라 있어서 아이들의 성장은 빠르다고 느
꼈다.

## めきめき

<sub>유</sub> めっきり

한눈에 보아도 알 수 있을 만큼 두드러지게 성장하거나 변화한 모양.

쑥쑥, 부쩍부쩍, 확확

**毎日1時間ずつ英語を勉強しているからか、彼の英語力はめきめき上達している。**

매일 1시간씩 영어 공부를 해서인지, 그의 영어 실력은 쑥쑥 늘고 있다.

**久しぶりに会った彼女が、めっきり大人っぽくなっていて驚いた。**

오랜만에 만난 그녀가 부쩍 어른스러워져서 놀랐다.

**深夜になると、町の人通りがめっきり少なくなる。**

밤이 깊어지면 거리의 인적이 확 줄어든다.

---

## にょきにょき

<sub>순</sub> にょきっ
にょっきり

가늘고 긴 무언가가 연달아 나와서 쭉쭉 뻗는 모양.

비죽비죽, 쑥쑥, 쭉쭉

**種をまいて程なくすると、芽がにょきにょき出てくる。**

씨를 뿌리고 시간이 지나면 싹이 비죽비죽 돋아난다.

---

## うとうと

<sub>순</sub> うとっ

짧은 시간 동안 살짝 잠드는 모양.

스르르, 사르르, 깜빡깜빡

▶ うつらうつら보다 편안한 상황에 주로 사용

**うちの子は抱っこしていると、すぐにうとうとする。**

우리 아이는 안아 주면 스르르 잠든다.

## うつらうつら

반쯤 잠들었으나 의식이나 의지가 깨어 있는 모양.
설핏설핏

▶ 회의, 수업시간 등 졸면 안 되는 상황이나 몸이 아파 깊게 자지 못하는 상황에 주로 사용

バスでうつらうつらしているうちに、待ち合わせ場所に着いた。

버스에서 설핏설핏 잠들었는데 약속 장소에 도착했다.

## こくりこくり

유 こっくりこっくり

순 こくり
こっくり

1. 잠이 밀려와서 앉은 채 머리가 앞뒤로 왔다 갔다 하는 모양.
꾸벅꾸벅

疲れてこくりこくりと居眠りしている息子を起こすのは、気が引ける。

피곤해서 꾸벅꾸벅 조는 아들을 차마 깨우지 못하겠다.

2. 고개를 끄덕이는 모양.
끄덕끄덕

先生は私の言葉にこくりこくりとうなずいた。

선생님은 내 말에 고개를 끄덕이셨다.

## すやすや

곤히 잠들어 편안하게 숨을 쉬는 소리 또는 그 모양.
새근새근

赤ちゃんがすやすや寝ている姿はとても可愛い。

아기가 새근새근 자는 모습이 무척 귀엽다.

**ぐっすり**

누가 업어 가도 모를 정도로 깊이 잠든 모양.
푹

昨夜は3時までゲームをしたので、授業中に
ぐっすり眠ってしまった。

어젯밤 3시까지 게임을 해서 수업 시간에 푹 자버렸다.

---

**こんこん**

의식이 없거나 깊은 잠에 빠져 일어날 기미가 없는 모양.
곤히

おばあさんがこんこん眠っている姿を見て、
ふと死んだのではないかと怖くなった。

할머니가 곤히 잠든 모습을 보다가 문득 숨이 멎은 건 아닐까 싶어 무서워
졌다.

---

**こつこつ**

진득하고 참을성 있게 노력하는 모양.
열심히, 꾸준히, 묵묵히

こつこつ努力したおかげで、ついにJLPTの
N1に合格した。

열심히 노력한 덕분에 드디어 JLPT N1에 합격했다.

---

**もくもく**

[黙々]

말없이 집중하여 작업을 하는 모양.
묵묵히

工房の奥では、三人の職人が黙々と作業を
していた。

공방 안쪽에서 장인 세 명이 묵묵히 작업을 하고 있었다.

## せっせ

딴짓하거나 한눈 팔지 않고 일을 열심히 하는 모양.
성실히, 열심히

せっせと仕事をしていれば、いずれ自分の
価値を認めてもらえるだろう。

성실하게 일하면 언젠가 내 가치를 인정받을 수 있겠지.

## くるくる

1. 쉬지 않고 계속 바쁘게 일하는 모양.
바지런히

五人の子どもを抱え、夫婦は寝る間も惜しんで
毎日くるくるとよく働いた。

아이가 다섯이라 부부는 자는 시간도 아껴가며 매일 부지런히 일했다.

2. 뱅글뱅글 도는 모양.
빙빙, 빙글빙글

遊園地のコーヒーカップから降りると、目が
くるくる回った。

놀이공원 회전컵에서 내리니 눈이 빙빙 돌았다.

## あくせく

마음이 초조해서 악착같이 일만 하는 모양.
아득바득

仕事そのものをもう少し楽しんでもいいと
思うのだが、弟は毎日あくせく働いている。

일 자체를 조금 더 즐기면서 해도 좋으련만, 동생은 매일 아득바득 일
한다.

## ばりばり

활기차게 열심히 일하는 모양.
열심히

生まれたばかりの息子のためにも、ばりばり
働いてお金をたくさん貯めておきたい。

갓 태어난 아들을 위해서라도 열심히 일해서 돈을 많이 저축해 두고 싶다.

## びしびし

㉧ びしっ

상대방을 엄격하게 지도하는 모양.
엄격히, 따끔히, 호되게

会社の後輩をびしびし指導していたら、パワ
ハラだと言われてしまった。

회사 후배를 엄격하게 지도했더니 갑질이라는 말을 들었다.

子どもが嘘をついたときは、びしっと叱る
べきだ。

아이가 거짓말을 하면 따끔하게 혼을 내야 한다.

## どしどし

서슴없이 적극적으로 행동하는 모양.
서슴없이, 기탄없이, 척척

番組に対するご意見・ご感想がございましたら、
どしどしお寄せください。

방송을 보시고 의견이나 소감이 있으시면 기탄없이 보내주세요.

## ばんばん

탄력을 받아 주저없이 일을 추진하거나 말하는 모양.
마구마구, 팍팍

食べ放題なので、何でもばんばん注文して
ください。

무한리필이니까 뭐든지 마구 시키세요.

祖父母の中には、孫のためならお金をばん
ばん遣う人もいる。

조부모 중에는 손주를 위해서라면 아낌없이 돈을 펑펑 쓰는 사람도 있다.

## じゃんじゃん

1. 의욕적으로 많은 돈을 벌거나 쓰는 모양.
팍팍

仕事も見つかったことだし、これからはじゃん
じゃん稼いでマイホームを手に入れよう。

일자리도 구했겠다, 이제 돈을 많이 벌어서 내 집을 마련하자.

2. 어떤 일이나 상황이 끊임없이 발생하는 모양.
자꾸자꾸, 거듭거듭

その日は朝からクレームの電話がじゃんじゃん
かかり、その対応に追われた。

그날은 아침부터 쇄도하는 항의 전화에 대응하느라 정신이 없었다.

## ほいほい

어떤 일을 경솔하게 떠맡는 모양.
덥석, 넙죽넙죽

上司の頼みをほいほい引き受けてしまい、
後で後悔した。

상사의 부탁을 덥석 받아들였는데, 나중에 후회했다.

## ぼちぼち

日 ぼつぼつ
そろそろ

어떤 일을 천천히 조금씩 시작하는 모양.

슬슬

ぼちぼち勉強を始めないと、試験に間に合わなくなるかもしれない。

슬슬 공부를 시작하지 않으면 시험 때에 맞추지 못할지도 모른다.

お昼休みも終わったことだし、そろそろ仕事を始めるか。

점심시간도 끝났으니 이제 슬슬 일을 시작해볼까.

## じりじり

1. 긴장감 속에서 천천히 다가가거나 물러나는 모양.

서서히, 천천히

点差はジリジリと縮まり、とうとう延長戦となった。

점수 차가 서서히 좁혀지더니 결국 연장전으로 이어졌다.

2. 알람이나 경보음이 울리는 소리.

따르릉따르릉, 찌르릉

ジリジリと鳴り響く目覚まし時計の音に、彼はびっくりして飛び起きた。

따르릉따르릉 울려퍼지는 자명종 소리에 그는 깜짝 놀라 일어났다.

## のろのろ

日 のろりのろり

행동이 굼떠 속도가 더딘 모양.

느릿느릿, 꾸물꾸물, 엉금엉금

高速道路でのろのろと運転するのはかなり危険だ。

고속도로에서 느릿느릿 운전하는 것은 아주 위험하다.

## ごろごろ

**1. 게으름을 피우며 빈둥거리는 모양.**
빈둥빈둥, 뒹굴뒹굴

久しぶりに休暇を取り、家でごろごろして
過ごした。

오랜만에 휴가를 받고 집에서 빈둥거리며 시간을 보냈다.

**2. 고양이가 기분이 좋을 때 목을 울리는 소리.**
가릉가릉

ネコをなでてやると、<ruby>喉<rt>のど</rt></ruby>をゴロゴロと鳴らし
ながらすり寄ってきた。

고양이를 쓰다듬자 기르릉 소리를 내며 나에게 다가왔다.

**3. 배가 아파서 꾸르륵거리는 소리.**
꾸르륵꾸르륵

カキにあたってしまい、今日は一日中お腹が
ゴロゴロしている。

굴을 먹고 탈이 나서 오늘 하루 종일 배가 꾸르륵거린다.

## だらだら
〓 だらっ

**1. 긴장감 없이 빈둥대며 시간을 보내는 모양.**
빈둥빈둥

だらだらしないで、早く勉強しなさい。

빈둥거리지 말고 얼른 공부해.

**2. 상황이나 대화 등이 단조롭고 늘어지는 모양.**
질질

校長先生の話がだらだらと長くなると、学生
たちはあくびをしはじめた。

교장 선생님의 훈화 말씀이 길어지자 학생들은 하품을 하기 시작했다.

## ぐずぐず

1. 굼뜨게 행동하며 미적거리는 모양.
우물쭈물, 꾸물꾸물

**優柔不断な彼女は、メニューを手にぐずぐずと注文を決めかねている。**

우유부단한 그녀는 메뉴판을 든 채 우물쭈물하며 결정을 못 내리고 있다.

2. 계속 불평을 늘어놓는 모양.
투덜투덜

**息子は学校に行きたくないとぐずぐず言っている。**

아들은 학교에 가기 싫다고 투덜투덜한다.

---

## わさわさ

불안감, 긴장감 등으로 마음이나 분위기가 어수선한 모양
안절부절, 술렁술렁

**受験票を忘れてきたのか、彼はずっとわさわさしていて落ち着かない。**

수험표를 잃어버렸는지, 그는 계속 안절부절 어쩔 줄을 모른다.

---

## もぞもぞ

🜲 もそもそ

가만히 있지 못하고 자꾸 움직이는 모양.
꿈지럭꿈지럭

**長時間の正座に生徒はしびれを切らし、もぞもぞし始めた。**

오랫동안 꿇어앉아 있던 학생은 다리가 저려오자 꿈지럭거리기 시작했다.

## こそこそ

🈴 こそっ
こっそり

남몰래 조용히 행동하는 모양.
살금살금, 몰래몰래, 슬쩍슬쩍

こそこそ隠れていないで、堂々と出てきなさい。

숨어 있지 말고 당당하게 모습을 드러내라.

急な質問に困っていると、隣の人がこそっと答えを教えてくれた。

갑작스러운 질문에 당황하자 옆 사람이 몰래 답을 알려줬다.

会計のとき、店長がこっそり割引券をくれた。

계산할 때 점장이 슬쩍 할인권을 주었다.

PART
02

행동 / 모양

---

## ごそごそ

이것저것 들추며 어떤 일을 하거나 찾는 소리 또는 그 모양.
부스럭부스럭, 뒤적뒤적

おばあさんは、押入れから古びた箱をごそごそと取り出した。

할머니는 오래된 상자를 벽장에서 부스럭부스럭 꺼내셨다.

---

## のこのこ

주변 상황에 개의치 않고 눈치 없이 등장하는 모양.
뻔뻔스레, 염치없이, 태연히

2時間も遅刻しておきながら、彼は悪びれる様子もなくのこのこと姿を現した。

2시간이나 지각했으면서 그는 미안한 기색도 없이 뻔뻔하게 등장했다.

## けろり

유 けろっ

자신과는 상관없다는 듯 태평스러운 모양.
태연히

**周囲がざわめいても、彼は顔色ひとつ変えず
けろりとしていた。**

주위 사람들이 쑥덕거렸지만, 그는 얼굴색 하나 바꾸지 않고 태연한 표정
이었다.

---

## ぽっくり

건강해 보이던 사람이 갑작스럽게 숨을 거두는 모양.
덜컥

**若い女性が心臓発作でぽっくり死んでしまう
なんて、思いもしなかった。**

젊은 여자가 심장 발작으로 덜컥 죽을 줄은 생각지도 못했다.

---

## ころり

건강하던 사람이 갑자기 고통 없이 죽는 모양.
꼴깍, 꼴까닥

▶ 캐주얼하게 사용하는 표현

**うちのおばあさんは、元気に長生きしてコロリと
死ぬことが夢だとよく言っていた。**

우리 할머니는 건강하게 살다가 홀연히 죽는 것이 소망이라고 말하곤 했다.

## おっとり

성품이나 동작이 차분하고 너그러운 모양.
차분차분히

**彼女がおっとりしていて細かいことにこだわ
らないのは、大家族の中で育ったからかもし
れない。**

그녀가 사소한 일에 크게 개의치 않고 성격이 여유로운 이유는 대가족 속
에서 자랐기 때문일지도 모른다.

## のんびり

1. 조급하지 않고 느긋한 모양.
태평히

**彼はのんびりした性格だから、厳しい受験
戦争に耐えられないだろう。**

그는 느긋한 성격이어서 치열한 입시 전쟁을 견뎌내지 못할지도 모른다.

2. 여유롭고 편안하게 쉬는 모양.
한가로이, 유유히

**休日は朝寝をしたりごろごろしたりして、
のんびり過ごしたい。**

휴일에는 늦잠을 자거나 뒹굴뒹굴하면서 한가롭게 보내고 싶다.

## なよなよ
🔵 なよっ

기운이 없고 연약하며 유순한 모양.
야리야리, 나긋나긋

**子どもの頃は自信がなく、なよなよしていた
ので、よくいじめられた。**

어렸을 때는 자신감이 없고 마음이 여려서 자주 괴롭힘을 당했다.

## さばさば

성격이 까탈스럽지 않고 소탈한 모양.
시원시원

**彼女は**さばさば**した飾らない性格なので、男性だけでなく女性からも人気がある。**

그녀는 시원시원하고 꾸밈없는 성격으로 남성뿐만 아니라 여성에게도 인기가 많다.

---

## つんつん
🔵 つん

1. 성격이 까칠하고 태도가 퉁명스러운 모양.
툴툴

**彼女はいつも**つんつん**しているので、話しかけにくい。**

그녀는 언제나 까칠해서 말을 걸기가 힘들다.

2. 길고 가는 물체로 자꾸 가볍게 찌르는 모양.
콕콕, 쿡쿡

**背中を**つんつん**つつかれて振り返ると、クラスメイトが立っていた。**

누가 등을 쿡쿡 찔러 돌아보니 같은 반 친구가 서 있었다.

---

## つんけん

언행이 까칠하고 퉁명스러운 모양.
까칠까칠

**あの店は店員が**つんけん**しているので、行かないようにしている。**

저 가게는 점원이 퉁명스러워서 웬만하면 가지 않는다.

**けちけち**　구두쇠처럼 돈이나 물건을 쓰기 싫어하는 모양.
　　　　　　　쩨쩨하게

**何にでもけちけちする母親だが、かわいい**
**孫のためにはお金を惜しまない。**

평소에는 인색한 우리 엄마지만, 귀여운 손주를 위해서라면 아낌없이 돈을 쓴다.

**ちゃらちゃら**　복장 또는 태도가 경박한 모양.
　　　　　　　　껄렁껄렁, 건들건들

**彼はちゃらちゃらしているように見えるが、**
**意外と真面目で家庭を大事にしている。**
　　　　　まじめ

그는 껄렁껄렁해 보이지만 의외로 성실하고 가정을 소중히 여긴다.

**むっつり**　무뚝뚝한 모양.
　　　　　　無뚝뚝하게

**彼はむっつりしているが、家では優しい夫で**
**あり、父親である。**

그는 무뚝뚝해 보이지만, 집에서는 자상한 남편이자 아버지다.

## ひょろひょろ

🔄 ひょろっ
ひょろり

마르고 길쭉해서 연약해 보이는 모양.
호리호리, 흐늘흐늘, 여리여리

**彼はもともとひょろひょろした体型で、体を鍛えてもなかなか筋肉がつかない。**

그는 원래 호리호리한 체형이라 몸을 키우려고 해도 좀처럼 근육이 붙지 않는다.

**ここは日当たりが悪いので、せっかく植えた苗もひょろひょろしている。**

여기는 채광이 좋지 않아서 애써 심은 모종도 흐늘흐늘하다.

---

## がりがり

툭 치면 부러질 것처럼 마른 모양.
빼빼, 삐쩍

**最近はガリガリに痩せているより、健康的な体型のモデルのほうが人気だ。**

최근에는 깡마른 모델보다는 건강한 체형의 모델이 더 인기다.

---

## ほっそり

몸매가 가냘픈 모양.
호리호리

▶ 키와 상관없이 몸이 가늘고 날씬한 이미지

**夏に向けてほっそりした二の腕を目指すためには、このエクササイズが効果的だ。**

여름을 대비해 날씬한 팔뚝을 만들기 위해서는 이 운동이 효과적이다.

## すらり

**유** すらっ

몸매가 날씬하고 쭉 뻗은 모양.
길쭉길쭉

▶ 키가 크고 팔다리가 길쭉한 이미지

**彼はモデル体型の母親に似て背が高く、足も
すらりと長い。**

그는 모델 체형인 엄마를 닮아서 키가 크고 다리도 길쭉길쭉하다.

## ぽってり

**큰** ぽってり

몸의 어느 한 부분이 귀엽게 통통한 모양.
오동통

**彼女はぽってりした唇にするため、寝る前に
リップクリームをたっぷり塗っている。**

그녀는 통통한 입술을 만들기 위해서 자기 전에 립크림을 듬뿍 바른다.

## ぽっちゃり

**유** ぽちゃっ

몸이나 얼굴에 살집이 있어 사랑스러운 모양.
오동통

**彼女は背が低くぽっちゃりした自分の体型を
魅力的だと思っている。**

그녀는 키가 작고 통통한 자신의 체형을 매력적이라고 생각한다.

## ぴちぴち

1. 젊고 활기차며 생동감이 넘치는 모양.
팔팔

**新卒でぴちぴちの新入社員が入ってきたので、
チームの雰囲気が盛り上がった。**

대학을 갓 졸업해 팔팔한 신입사원이 들어와서 팀 분위기가 살아났다.

2. 해산물이 신선해서 탄력이 있는 모양.

싱싱, 팔딱팔딱

**海鮮市場にはぴちぴちの魚が並べられて いて、寿司職人らが買いつけに来る。**

수산시장에는 싱싱한 생선이 즐비해 초밥 장인들이 재료를 떼러 온다.

3. 몸에 비해 옷의 사이즈가 작아 꽉 끼는 모양.

꼭, 꽉, 딱

**子どもの成長は早いので、服がすぐぴちぴちに なる。**

아이는 빨리 자라기 때문에 옷이 금세 작아진다.

**彼がぴちぴちした服を着るのは、筋肉を見せ びらかせて自慢したいからだろうか。**

그가 딱 붙는 옷을 입는 이유는 근육을 과시하며 자랑하고 싶어서일까.

---

# むちむち

작 むっちり

탄력 있고 탄탄하게 살집이 있는 모양.

포동포동

**ミニスカートからムチムチした太ももが出る のが恥ずかしいので、ダイエットしようと思う。**

미니스커트를 입으면 포동포동한 허벅지가 보이는 게 부끄러워서 다이어트를 하려고 한다.

**うちのネコは最近食べ過ぎてお尻がムチムチ している。**

우리 고양이는 요즘 너무 많이 먹어서 엉덩이가 포동포동하다.

## がっちり

**유** がっしり

몸이나 사물의 구조가 흔들림 없이 굳건하고 튼튼한 모양.
탄탄, 튼실, 튼튼

**水泳選手だった彼女は、がっちり した体型を
隠すため、いつも大きめの服を選ぶ。**

수영선수 출신인 그녀는 다부진 체형을 감추려고 늘 사이즈가 큰 옷을 고른다.

## むきむき

근육이 발달하여 울퉁불퉁한 모양.
울끈불끈

**ジムで鍛えている彼は、ムキムキ した筋肉が
自慢だ。**

헬스장에서 열심히 운동해 울끈불끈 튀어나온 근육은 그의 자랑거리다.

## まるまる

[丸々]

통통하게 살이 올라 둥글둥글한 모양.
오동통, 포동포동, 동글동글

**このところ散歩をサボっていたら、犬が丸々と
太ってしまった。**

요즘 산책을 빼먹었더니 강아지가 오동통하게 살이 올랐다.

## ずんぐり

키가 작고 몸이 옆으로 벌어진 모양.
작달막, 땅딸막

**弟はずんぐり しているが、足は速い。**

남동생은 작달막하지만 발은 빠르다.

## でぶでぶ

보기 안 좋을 정도로 살이 많이 찐 모양.
뚱뚱, 뒤룩뒤룩

でぶでぶ**太っている動物と言えば、真っ先に
ブタが思い浮かぶ。**

뚱뚱한 동물 하면 제일 먼저 돼지가 떠오른다.

---

## でっぷり

살이 쪄서 풍채가 좋은 모양.
투실투실

でっぷり**と体格のいい力士たちが、次々と
店の中に入ってきた。**

풍채가 좋은 스모 선수들이 줄지어 가게 안으로 들어왔다.

---

## ぶくぶく

볼품없이 살이 쪄서 뚱뚱한 모양.
뚱뚱, 퉁퉁

**毎日ネコにおやつをあげていたら、いつの間
にか**ぶくぶく**と太ってしまった。**

매일 고양이에게 간식을 줬더니 어느새 퉁퉁하게 살이 쪄버렸다.

---

## よぼよぼ

나이가 들면서 기력과 체력이 쇠해 몸이 약해진 모양.
또는 그런 몸으로 걷는 모양.
비실비실, 휘청휘청

**父の**よぼよぼ**した歩き方に、胸が痛んだ。**

아버지의 노쇠한 걸음걸이를 보니 가슴이 아팠다.

## ぴんぴん

**건강하고 활기차게 활동하는 모양.**
팔팔, 팔딱팔딱

**祖父は今年95歳になるが、まだぴんぴんして
いる。**

할아버지는 올해 95세지만 아직 정정하시다.

인간 / 생물

# 기타

**ぎくしゃく**

관계가 원만하지 않고 어색한 모양.
삐거덕

父親とは大喧嘩して以来、ぎくしゃくとした
関係が続いている。

아버지와 크게 싸운 뒤로, 어색한 관계가 이어지고 있다.

---

**ぴきぴき**

순 **ぴきっ**

화가 치밀어올라 핏대가 솟는 모양.
울끈불끈, 불끈불끈

あの上司はまた額にぴきぴき青筋を立て
ながら、部下を怒鳴りつけている。

저 상사는 또 이마에 핏대를 울끈불끈 세워가며 부하에게 화를 내고 있다.

---

**ぽっかり**

1. 마음에 커다란 구멍이 뚫린 듯 허무감이 생긴 모양.
뻥, 휑하게

両親を亡くしてから、心にぽっかりと穴が
開いたような気がする。

부모님이 돌아가신 후 마음에 구멍이 뻥 뚫린 듯하다.

2. 커다란 구멍이 뻥 뚫리거나 텅 빈 모양.
뻥

工事現場に行ってみると、地面に大きな穴が
ぽっかり空いていた。

공사 현장에 가보니 땅에 큰 구멍이 뻥 뚫려 있었다.

촉감/질감

형태

동작

밝기

요리

소리

PART

03

사물

# さらさら

㊥ さらっ
さらり

**1. 수분이나 점성이 없고 입자가 작아 고운 모양.**
보들보들, 부들부들

浜辺の砂はさらさらしていて、裸足（はだし）で歩くと
気持ちがいい。

해변의 모래는 곱고 부드러워서 맨발로 걸으면 기분이 좋다.

**2. 표면이 끈적이지 않고 매끄러운 모양.**
보송보송

このファンデーションは、テカリのないさら
さら肌に仕上げてくれる。

이 파운데이션은 번들거림 없는 보송보송한 피부 표현이 가능하다.

ヘアサロンで勧められたトリートメントを
使ってみると、髪がさらさらになった。

미용실에서 추천받은 트리트먼트를 사용했더니 머리카락이 찰랑찰랑해
졌다.

**3. 끊김이 없는 모양.**
졸졸, 슥슥, 솔솔

冬の間凍った水が解けると、せせらぎがさら
さら流れ始めた。

겨우내 얼었던 얼음이 녹자, 여울이 졸졸 흐르기 시작했다.

彼女はファンから差し出された色紙にさら
さらとサインをした。

그녀는 팬에게서 건네받은 색지에 슥슥 사인을 했다.

## ざらざら

<sup>순</sup> ざらっ
ざらり

**1. 수분이나 점성이 없고 입자가 커서 거친 모양.**
거칠거칠

**岩塩はざらざらしていて使いにくいが、おいしい料理ができる。**

굵은 소금은 거칠거칠해서 쓰기 어렵지만, 맛있는 요리를 만들 수 있다.

**2. 표면이 매끄럽지 않고 거친 모양.**
거칠거칠, 까칠까칠

**表面がざらざらしたコンクリートの壁で腕を<sup>うで</sup>すりむき、肌が赤くなってしまった。**

표면이 거칠거칠한 콘크리트 벽에 팔을 쓸려 피부가 빨개졌다.

**長時間マスクをすると、肌がざらざらになってしまう。**

장시간 마스크를 쓰면 피부가 거칠어진다.

---

## つるつる

<sup>순</sup> つるっ
つるり

**표면이 매끄럽고 반질반질한 모양.**
미끌미끌

▶ 표면이 딱딱한 곳에 주로 사용

**雪が降って道がつるつるしていますので、気を付けてください。**

눈이 내려 길이 미끄러우니 조심하세요.

**しっかり水に浸したゆで卵は、皮がつるっとむける。**

삶은 계란을 충분히 물에 담그면 껍질이 매끄럽게 잘 까진다.

## すべすべ

（순）すべっ

피부나 물체의 표면이 매끈하여 촉감이 좋은 모양.
매끈매끈, 반질반질, 맨들맨들

▶ 표면이 부드러운 곳에 주로 사용

### 温泉に入ると、肌がすべすべになった。

온천에 들어가니 피부가 매끈매끈해졌다.

---

## ごつごつ

표면이 거칠거나 단단하고 매끄럽지 않은 모양.
울퉁불퉁, 거칠거칠

### サルはごつごつした岩山を素早く登っていった。

원숭이는 울퉁불퉁한 바위산을 재빠르게 올라갔다.

### 母のごつごつした手を見た娘は、これまで母が苦労してきたことを悟った。

어머니의 거칠거칠한 손을 본 딸은 어머니가 지금까지 고생하셨다는 것을 깨달았다.

---

## ぶつぶつ

1. 표면이 불규칙적으로 작게 튀어나온 모양.
오돌토돌, 도톨도톨

### 顔に吹き出物がぶつぶつ出て気になる。

얼굴에 오돌토돌 뾰루지가 나서 신경 쓰인다.

2. 덩어리를 적당한 크기로 대충 자르는 모양.
숭덩숭덩

### ジャガイモは適当な大きさにぶつぶつ切って、お肉と一緒に鍋に入れてください。

감자는 먹기 좋게 적당한 크기로 썬 뒤, 고기와 함께 냄비에 넣어주세요.

**でこぼこ**

표면이 고르지 않고 여기저기 튀어나오거나 들어간 모양.
울퉁불퉁

でこぼこした道を車で1時間走り、ようやく
山の中腹にある小屋に到着した。

울퉁불퉁한 길을 차로 1시간 달린 끝에 겨우 산 중턱에 위치한 오두막에
도착했다.

---

**ぽっこり**

어딘가가 불룩하게 튀어나온 모양.
불뚝, 불룩

ストレスで毎晩夜食を食べているせいか、
お腹がぽっこり出てしまった。

스트레스 때문에 거의 매일 밤 야식을 먹어서 배만 불뚝 나와버렸다.

---

**もこもこ**

🔁 もっこり

1. 솜이나 양털 등이 두툼한 모양.
북실북실, 두둑이

ファー素材のスリッパは、もこもこしていて
履き心地が良く、寒い冬も暖かく過ごせる。

털 소재 슬리퍼는 도톰해서 착화감이 좋고 추운 겨울에도 따뜻하게 지낼
수 있다.

2. 무언가가 주변보다 불룩하게 튀어나온 모양.
불룩불룩

モグラが穴を掘ったのか、庭の片隅に土が
もこもこと盛られていた。

두더지가 구멍을 파는지, 마당 구석에 흙이 불룩하게 쌓여 있었다.

## ふっくら

봉긋하게 부푼 모양.
봉긋봉긋

春になり、桜のつぼみがふっくら膨らみ始めた。

봄이 와서 벚꽃 봉오리가 봉긋하게 부풀어오르기 시작했다.

ちょうど良い水加減で、ご飯がふっくら炊き上がった。

물이 딱 적당해서 밥알이 탱탱하게 부풀어올라 밥이 맛있게 됐다.

## ふわふわ

🔄 ふわっ
　ふわり
　ふんわり

감촉이 부드럽고 탄력 있는 모양.
폭신폭신

誕生日プレゼントには、ふわふわの綿あめが作れるおもちゃがほしいと甥は言った。

생일 선물로 폭신폭신한 솜사탕을 만들 수 있는 장난감이 갖고 싶다고 조카는 말했다.

ふわっとしたクリームはおいしいが、ダイエットには敵だ。

부드러운 크림은 맛있지만, 다이어트에는 적이다.

洗濯に柔軟剤を使うと、タオルがふんわりと仕上がる。

빨래할 때 섬유유연제를 사용하면 수건이 뽀송해진다.

ふんわりとしたメレンゲを加えると、ケーキがもっとおいしくなる。

폭신한 머랭을 더하면 케이크가 한결 맛있어진다.

**ふかふか**

따뜻하고 보드라워서 포근한 모양.
푹신푹신, 포근포근

家に帰ってシャワーを浴びてから、ふかふかの布団に飛び込む時が一番幸せだ。

집으로 돌아와 샤워를 마치고 푹신푹신한 이불에 뛰어들 때가 가장 행복하다.

---

**ふさふさ**

실이나 털처럼 얇고 가는 것들이 보기 좋게 탐스럽고 풍성한 모양.
복슬복슬

馬はふさふさの尻尾をなびかせ、走り去っていった。

말은 풍성한 꼬리털을 휘날리며 사라졌다.

---

**もふもふ**

털이 많아 촉감이 좋고 부드러운 모양.
복슬복슬

ネコのもふもふした毛をなでていると癒される。

고양이의 복슬복슬한 털을 쓰다듬으면 힐링된다.

---

**もさもさ**
㊤ もしゃもしゃ
もじゃもじゃ

머리카락이나 풀 등이 지저분해 보일 정도로 무성하게 자란 모양.
덥수룩

愛犬の毛がもさもさしてきたので、そろそろトリミングに連れていこうと思う。

강아지 털이 덥수룩해져서 슬슬 애견미용실에 데려갈까 생각 중이다.

## ぼさぼさ

머리카락이나 털이 흐트러져 너저분한 모양.
부스스

寝坊した彼は朝食もそこそこに、ぼさぼさの髪のまま飛び出して行った。

그는 늦잠을 자서 아침도 대충 먹고 부스스한 머리 그대로 뛰쳐나갔다.

## ぱさぱさ

🌀 ぱさっ

수분기나 기름기가 없어 건조한 모양.
퍼석퍼석

冷蔵庫に何日も入れておいたパンがぱさぱさになったので、結局捨ててしまった。

냉장고에 며칠이나 넣어둔 빵이 딱딱해져서 결국 버렸다.

## ばさばさ

1. 머리카락이나 털이 건조해서 부스스한 모양.
푸석푸석

最近、忙しすぎて何か月もヘアサロンに行かなかったので、すっかり髪が伸びてばさばさになってしまった。

요즘 너무 바쁜 나머지 몇 달 동안 미용실에 가지 못해 머리카락이 자라 부스스해졌다.

2. 조류가 날갯짓을 할 때 나는 소리 또는 그 모양.
퍼덕퍼덕

翼の怪我が治った鳥は、バサバサと羽ばたきながら舞い上がった。

날개의 상처를 회복한 새가 힘차게 날갯짓을 하며 날아올랐다.

## ごわごわ

수분이 말라 건조하고 촉감이 거친 모양.
푸석푸석

<ruby>金髪<rt>きんぱつ</rt></ruby>に染めてから髪がごわごわ するので、毎日ヘアオイルをつけている。

금발로 염색한 후 머리카락이 푸석푸석해져 매일 헤어오일을 바르고 있다.

---

## ぬるぬる

🔒 ぬるっ
　ぬるり

불쾌할 정도로 미끌거리는 모양.
미끌미끌

ポテトチップスを食べながら携帯をいじっていたので、画面がぬるぬる してしまった。

감자칩을 먹으면서 휴대폰을 만지작거렸더니 기름 때문에 화면이 미끌미끌해졌다.

---

## にゅるにゅる

🔒 にゅるっ
　にゅるり

손으로 붙잡기 어려울 정도로 미끄러운 모양.
미끄덩미끄덩, 미끌미끌

▶ 주로 길쭉하고 미끌거리는 물체에 사용

両手でウナギをしっかり掴んだつもりだったが、にゅるにゅる していたので手から滑り落ちてしまった。

손으로 민물 장어를 꽉 붙잡았는데, 미끄덩거려서 빠져나가고 말았다.

---

## ぬめぬめ

🔒 ぬめっ

표면이 번들거리고 미끌거려 촉감이 불쾌한 모양.
번들번들, 미끈미끈

キッチンのぬめぬめ した汚れには、<ruby>重曹<rt>じゅうそう</rt></ruby>がよく効く。

번들거리는 주방 기름때에는 베이킹소다가 직방이다.

**ぬめぬめ**したワカメが苦手な私は、見るだけで食欲が落ちてしまう。

나는 미끈미끈한 미역을 싫어해서 보는 것만으로도 입맛이 떨어진다.

................................................................

## ぺたぺた

⊛ ぺたっ
　　ぺったり
　　ぺたん

⊛ べたべた

들러붙거나 끈적이는 모양.
덕지덕지, 치덕치덕, 끈적끈적

幼い頃、壁にシールを**ぺたぺた**貼って、叱られたことがある。

어릴 때 벽에 스티커를 덕지덕지 붙여서 혼난 적이 있다.

雨の日はせっかくセットした前髪が**ぺたん**となるので、朝から憂鬱<sub>ゆううつ</sub>だ。

비 오는 날에는 애써 손질한 앞머리가 납작하게 눌리기 때문에 아침부터 우울하다.

揚げ物をした後は、ガスレンジの周りが**べたべた**するので、掃除が大変だ。

튀김 요리를 하고 나면 가스레인지 주변이 끈적끈적해져서 청소하기가 힘들다.

................................................................

## べとべと

⊛ べとっ
　　べっとり

불쾌할 정도로 끈적거리는 모양.
끈적끈적

ポケットに入れていたチョコレートを取り出してみると、溶けて**べとべと**になっていた。

주머니에 넣어둔 초콜릿을 꺼내 보니 이미 녹아서 끈적끈적해졌다.

靴の裏底にガムが**べっとり**貼りついてはがれない。

신발 뒤축에 껌이 끈적하게 붙어 떨어지지 않는다.

## ねとねと

유 ねちねち

순 ねとっ
　ねっとり

점성이 있어 끈적하고 불쾌한 모양.
끈적끈적

さっきジュースをこぼしたせいで、床がねとねとしている。

좀 전에 주스를 엎질러서 바닥이 끈적끈적하다.

---

## ねばねば

순 ねばっ

물엿이나 낫토처럼 만지면 들러붙고, 긴 줄이 생기는 모양.
끈적끈적, 찐득찐득

納豆や山芋のねばねばした成分は、健康にいいらしい。

낫토나 참마에 포함된 끈적거리는 성분은 건강에 좋다고 한다.

---

## ぎとぎと

기름이 돌거나 들러붙어서 불쾌한 모양.
찐득찐득, 끈적끈적

長い間掃除をしなかったので、ガスレンジの周りが油汚れでぎとぎとになった。

오랫동안 청소를 하지 않아서 가스레인지 주변이 기름때로 찐득찐득해졌다.

---

## こてこて

ごてごて

정도가 심하거나 농도가 지나치게 짙은 모양.
걸쭉히, 더덕더덕

彼はこてこての大阪弁で、東京駅の案内カウンターに詰め寄った。

그는 걸쭉한 오사카 사투리를 내뱉으며 도쿄역 안내 카운터에 들이닥쳤다.

飲食店は清潔感が最も重要であるため、ごてごてのネイルは控えたほうがいい。

음식점은 청결이 가장 중요하기 때문에 지나치게 화려한 네일은 삼가는 게 좋다.

## ちりちり

1. 섬유에 구김이 자잘하게 많이 간 모양.
쪼글쪼글, 꼬불꼬불

セーターについた火を急いで消したが、毛糸が
ちりちりになってしまった。

스웨터에 붙은 불을 급히 껐지만 털실이 쪼글쪼글해지고 말았다.

2. 머리카락이 이리저리 말린 모양.
곱슬곱슬, 꼬불꼬불

私は生まれつきチリチリした髪なので、つや
のあるストレートヘアに憧れる。

나는 천연 곱슬머리라 윤기 나는 생머리가 부럽다.

## しわしわ

㊌ しわくしゃ
しわくちゃ

몹시 구겨지거나 찌부러져서 주름이 많은 모양.
주글주글, 구깃구깃

冷蔵庫を掃除していると、奥から皮がしわ
しわになったニンジンが出てきた。

냉장고 청소를 했더니 안에서 주글주글해진 당근이 나왔다.

洋服を洗濯機に入れっぱなしにしておいたら、
しわしわになってしまった。

옷을 세탁기 안에 방치했더니 구깃구깃해졌다.

彼はしわくちゃのシャツを着ていたので、
だらしなく見えた。

그는 구깃구깃한 셔츠를 입어서 초라해 보였다.

## くしゃくしゃ

(순) くしゃっ

종이나 천 따위에 구김이 크게 간 모양.
꼬깃꼬깃

▶ 종이나 천이 구겨져 둥글게 뭉친 이미지도 있음

息子のランドセルを開けると、くしゃくしゃに
なった学校だよりが出てきた。

아들의 책가방을 열자 꼬깃꼬깃해진 가정통신문이 나왔다.

---

## ぐしゃぐしゃ

(순) ぐしゃっ

(큰) ぐちゃぐちゃ

물에 젖어서 형태가 망가지거나 뒤섞인 모양.
주글주글, 엉망진창, 뒤죽박죽

急な雨に降られ、カバンの中に入っていた
本がぐしゃぐしゃになってしまった。

갑작스럽게 내린 비 때문에 가방에 넣어둔 책이 주글주글해졌다.

半年も手間暇かけて育てた畑の野菜を、イノ
シシがぐちゃぐちゃにしてしまった。

반년간 밭에서 애써 키운 야채들을 멧돼지가 엉망진창으로 만들어버렸다.

---

## びしょびしょ

(유) びちゃびちゃ
　　ぐしょぐしょ

(순) びっしょり

물에 완전히 젖어 축축한 모양.
흠뻑, 흠씬흠씬

まだ5月だというのに昼間は暑くて、Tシャツが
汗でびしょびしょになる。

아직 5월인데도 대낮에는 더워서 티셔츠가 땀으로 축축해진다.

加湿器を長時間つけていたので、周りがびちゃ
びちゃになってしまった。

가습기를 오랫동안 틀어놔서 주변이 흠뻑 젖었다.

## ぶよぶよ

ぷよぷよ

수분이 너무 많아 형태가 무른 모양.
물렁물렁, 물컹물컹, 흐물흐물

畑のトマトが熟れ過ぎて、ぶよぶよになって
しまった。

밭에 심은 토마토가 너무 익어 물렁물렁해졌다.

## ふにゃふにゃ

ふにゃっ
ふにゃり

탄력 없이 흐물거리는 모양.
눅눅, 흐물흐물

時間が経ってふにゃふにゃになった天ぷらは
おいしくない。

시간이 지나 눅눅해진 튀김은 맛이 없다.

## よれよれ

오랜 시간이 지나 물건이 낡고 해진 모양.
너덜너덜

成人式の時初めて買ったスーツは15年経った
今、よれよれになってしまった。

성인식 때 처음 산 정장은 15년이 지난 지금 다 낡아 해졌다.

## しなしな

しなっ

채소나 식물이 오래되어 시든 모양.
시들시들, 흐물흐물

ホウレンソウを長い間冷蔵庫に入れておいたら、
鮮度が落ちてしなしなになってしまった。

시금치를 오랫동안 냉장고에 넣어 뒀더니 신선도가 떨어져서 시들시들해
졌다.

## しんなり

채소가 절여지거나 가열되어 물러진 모양.
흐물흐물, 물렁물렁

**白菜を塩水につけておくと、** しんなり **する。**

배추를 소금물에 절이면 흐물흐물해진다.

---

## ぺちゃんこ

(유) べしゃっ
べしゃり

압력을 받아 형태가 납작해진 모양.
납작하게

**ウサギのぬいぐるみを洗濯機で洗ったら、** ぺちゃんこ **になってしまった。**

토끼 인형을 세탁기에 빨았더니 납작해져버렸다.

---

## くねくね

(유) うねうね

여러 각도로 구부러지거나 휘어지는 모양.
구불구불

くねくね **した道を下っていくと、遠くにおばあちゃんの家が見えてくる。**

구불구불한 길을 내려가다 보면 저 멀리 할머니댁이 보인다.

---

## くにゃくにゃ

(순) くにゃっ
くにゃり

(강) ぐにゃぐにゃ

유연하고 쉽게 구부러지거나 휘어지는 모양.
구불구불

**針金は** くにゃくにゃ **曲がるので、逆に折れにくい。**

철사는 구불구불 쉽게 구부러지기 때문에 오히려 잘 부러지지 않는다.

## がらがら

（俗）がらっ

1. 건물이나 거리에 인기척이 없어 휑한 모양.
텅텅, 썰렁하게

暴風雨のせいで、この辺りの飲み屋は夕方に
なってもがらがらだ。

폭풍우가 몰아친 탓에 저녁인데도 주변 술집이 텅텅 비었다.

2. 벽이나 빌딩 같은 구조물이 단번에 무너져 내릴 때 나
는 소리.
와르르, 우르르

隣の家のブロック塀がガラガラ崩れて、早朝
から近所の人が見に集まってきた。

이웃집 담장이 와르르 무너져 이른 아침부터 주변에 사는 사람들이 구경
하려고 모여들었다.

## がらんがらん

（俗）がらん

인기척이나 사물의 흔적이 없이 휑한 모양.
텅텅, 썰렁하게

深夜の地下鉄はがらんがらんだった。

심야의 지하철은 텅텅 비어 있었다.

## すかすか

내용물의 밀도가 낮거나 빈틈이 많은 모양.
숭숭

お弁当を開けてみると、中身がすかすかだった。

도시락을 열어보니 안이 숭숭 비어 있었다.

## だぶだぶ

유 だぼだぼ

슌 だぶっ

사이즈가 커서 몸에 꼭 맞지 않는 모양.
헐렁헐렁

夕食を控えめに食べたら、1か月でズボンが
だぶだぶになった。

저녁을 가볍게 먹었더니 한 달 만에 바지가 헐렁해졌다.

兄のおさがりの靴は、私にはだぼだぼで到底
履けそうもない。

형에게 물려받은 신발은 너무 커서 도저히 신을 수가 없다.

## ぎゅうぎゅう

좁은 공간에 빡빡하고 빠듯하게 들어찬 모양.
꽉꽉, 빽빽이

着替えや洗面道具などをカバンにぎゅうぎゅう
詰め込んで、彼はどこかに旅立ってしまった。

갈아입을 옷과 세면도구를 가방에 꽉꽉 채워 넣은 채 그는 어딘가로 떠나
버렸다.

父は毎朝、ぎゅうぎゅう詰めの列車に乗って
出勤している。

아버지는 매일 아침 콩나물시루같이 빽빽한 열차를 타고 출근한다.

## ずらずら

슌 ずらっ
　 ずらり

무언가가 끊임없이 이어지거나 연이어 나열된 모양.
줄줄, 주르르, 주욱

会社に対する不満を、彼女はずらずらと並べ
立てた。

그녀는 회사에 대한 불만을 줄줄 읊었다.

中国語の教科書には、難しい単語がずらりと
並んでいて、私は一気にやる気を失った。

중국어 교과서에는 어려운 단어가 주욱 나열되어 있어서 나는 순식간에
의욕을 잃었다.

## ごみごみ

갑갑할 정도로 어느 한곳에 몰려 있어 복잡한 모양.
갑갑하게, 너저분

ごみごみした都会の生活に馴染めず、地元に
帰りたくなってしまった。

갑갑한 도시 생활에 적응하지 못해 고향으로 돌아가고 싶어졌다.

彼女はなかなか物を捨てられない性格のため、
いつも部屋がごみごみしている。

그녀는 좀처럼 물건을 버리지 못하는 성격이라 늘 방이 너저분하다.

## ごちゃごちゃ

여러가지 물체가 뒤섞여 복잡하고 정리가 안 된 모양.
뒤죽박죽

お弁当をカバンに入れたまま走ったせいで、
中身がごちゃごちゃになってしまった。

도시락을 가방에 넣고 달린 탓에 내용물이 뒤죽박죽되고 말았다.

転勤や引っ越しなど、いろんなことが重なり
頭の中がごちゃごちゃしている。

전근과 이사 등 여러 가지 일이 겹친 탓에 머릿속이 복잡하다.

## めちゃくちゃ

🔀 めちゃめちゃ
　　むちゃくちゃ

무척 혼란스럽고 엉망인 상태.
엉망진창

▶ 물리적 또는 추상적으로 엉망인 상태 모두 사용 가능함

くる日もくる日もばくちに明け暮れる父の
せいで、私の人生はめちゃくちゃだった。

매일매일 도박에 빠져 사는 아버지 때문에 내 인생은 엉망이었다.

## はちゃめちゃ

**(유)** しっちゃかめっちゃか

질서 없이 소란스럽고 어수선한 모양.
시끌벅적, 엉망진창

▶ 익살스럽고 우스꽝스러운 이미지

**セール初日、デパートは人気商品を奪い合う 人々ではちゃめちゃになっていた。**

백화점은 세일 첫날에 인기 상품을 차지하려는 사람들로 시끌벅적했다.

**しっちゃかめっちゃかになった息子の部屋を 見ると、ため息が出る。**

엉망진창인 아들 방을 보니 한숨만 나온다.

---

## からから

**(合)** からっ
からり

습기가 없어 몹시 건조한 모양.
뽀송뽀송, 바삭바삭

**今日は天気がよかったので、洗濯物がからから に乾いた。**

오늘은 날씨가 좋아서 빨래가 뽀송뽀송하게 말랐다.

**この店の天ぷらはその場で揚げてくれるので、 からっとしていておいしい。**

이 가게 튀김은 즉석에서 튀겨줘서 아주 바삭하고 맛있다.

---

## がびがび

수분이나 기름이 빠져 딱딱하거나 메마른 모양.
거슬거슬

**何日も高熱が続き、飲まず食わずの状態だった ので、口の周りががびがびに乾いてしまった。**

며칠이나 고열에 시달려 먹지도 마시지도 못한 상태였기에 입 주변이 거슬거슬할 정도로 메말랐다.

## つぶつぶ

알갱이가 많은 모양.
알알이

このオレンジジュースは果汁100％で、つぶつぶした果肉がたっぷり入っている。

이 오렌지 주스는 과즙 100%여서 과육 알갱이가 듬뿍 들어 있다.

---

## ぽつぽつ

(류)ぽつぽつ
(적)ぽつりぽつり

불규칙한 간격으로 떨어져 있는 모양.
뜨문뜨문, 띄엄띄엄

この辺りは山村なので、民家はぽつぽつある程度だ。

이 주변은 산촌이라서, 민가가 뜨문뜨문 있다.

---

## ちらほら

무언가가 하나둘씩 보이는 모양.
드문드문

受験生の弟は、勉強のストレスで白髪がちらほらと出始めている。

수험생인 남동생은 공부 스트레스 때문에 새치가 드문드문 나기 시작했다.

---

## ばらばら

(순)ばらっ

1. 여러 군데로 분산되는 모양.
뿔뿔이

新学期になり、仲の良い友人とは皆クラスがばらばらになってしまった。

새 학기가 되자 친한 친구들과 반이 나뉘어 모두 뿔뿔이 흩어지고 말았다.

廊下で人にぶつかり、持っていた文房具が床にばらばらと散らばった。

복도에서 다른 사람과 부딪히는 바람에 들고 있던 필기구가 바닥에 흩어졌다.

2. 저마다 달라서 통일감이 없는 모양.
제각각

好きな俳優について生徒たちにアンケートを
取ったら、みんな答えがばらばらだった。

좋아하는 배우에 대해 학생들에게 설문조사를 했더니 모두들 답변이 제
각각이었다.

---

**まちまち** 형태나 상황이 다양하고 통일성이 없는 모양.
제각각

畑でとれたナスは、大きさも形もまちまちだ。

밭에서 딴 가지는 크기도 모양도 제각각이다.

このクラスの生徒は母国語が皆まちまちで、
コミュニケーションをとるのが難しい。

이 반 학생들은 모국어가 저마다 달라서 의사소통이 어렵다.

---

**ぼろぼろ** 1. 수분이나 끈기가 적은 무언가가 흩어지며 떨어지는 모양.
툭툭

だらしない性格の彼は、ポップコーンを食べる
とき、いつもぼろぼろとこぼす。

칠칠치 못한 그는 팝콘을 먹을 때 매번 툭툭 흘리곤 한다.

2. 오랫동안 사용해서 심하게 낡은 모양.
너덜너덜, 너절너절

彼は娘からもらった財布を、ぼろぼろになっ
ても大事に使っている。

그는 딸이 준 지갑을 너덜너덜해질 때까지 소중히 쓰고 있다.

3. 육체적 또는 정신적으로 지칠 대로 지친 모양.
너덜너덜, 기진맥진

**最近仕事でストレスがたまり、身も心もぼろ
ぼろになってしまった。**

요즘 일로 스트레스가 쌓여 몸과 마음이 너덜너덜해졌다.

---

## ずたずた

사물이나 마음이 엉망진창으로 잘게 찢진 모양.
갈기갈기

**お気に入りのワンピースを、ネコにずたずたに
されてしまった。**

좋아하는 원피스를 고양이가 갈기갈기 찢어 놓았다.

**上司に怒られて、プライドがずたずたになっ
てしまった。**

상사한테 혼나서 자존심이 갈기갈기 찢어졌다.

## ころころ

㊬ ころっ
ころり
ころん

1. 작거나 둥근 물건이 굴러가는 모양.
대굴대굴, 또르르

**ボールは坂道をころころ転がり、池に落ちてしまった。**

공은 비탈길을 대굴대굴 굴러 연못에 떨어지고 말았다.

**このボールペンは本体が三角形なので、握りやすいしころころ転がらない。**

이 볼펜은 펜대가 세모나서 쥐기 편하고 또르르 굴러가지 않는다.

2. 상황이나 말이 자꾸 바뀌는 모양.
휙휙

**気分屋の上司は、言うことがころころ変わるので困る。**

기분파인 상사는 말이 자꾸 달라져서 곤란하다.

시각

## ごろごろ

㊬ ごろっ
ごろり
ごろん

1. 묵직한 물체가 굴러다니는 모양.
데굴데굴

**脱輪したトラックから、大量のジャガイモがごろごろ転がり落ちた。**

바퀴가 빠진 트럭에서 수많은 감자가 데굴데굴 굴러 떨어졌다.

2. 크고 묵직한 덩어리가 여러 개 놓여 있는 모양.
큼직큼직

**この店のカレーは少々高いが、野菜も肉もごろごろ入っているのが魅力だ。**

이 집 카레는 조금 비싸지만 채소와 고기가 큼직큼직하게 들어가 있는 것이 매력적이다.

## ぽろぽろ

순 ぽろっ
ぽろり
ぽろん

강 ぽろぽろ

콩처럼 작은 물체가 연속해서 떨어지는 모양.
똑똑, 톡톡, 홀홀

泣きたいのをずっと我慢していたのに、母の笑顔を見た途端、涙がぽろぽろとこぼれてしまった。

울음을 꾹 참고 있었는데, 엄마의 미소를 보니 그만 눈물이 똑똑 떨어졌다.

葉についていた露がぽろりと落ちた。

잎사귀에 맺힌 이슬이 톡 떨어졌다.

海水浴で日焼けした背中の皮がぽろぽろとむけ始めた。

해수욕을 하느라 햇빛에 타서 등껍질이 홀홀 벗겨지기 시작했다.

............................................................

## がたがた

1. 단단하고 무거운 물체가 계속 크게 부딪치는 소리 또는 그 모양.
덜컹덜컹

洗濯機は脱水モードになると、ガタガタ揺れ始めた。

세탁기가 탈수를 시작하자 덜컹덜컹 흔들리기 시작했다.

強風で、窓ががたがた揺れた。

강풍으로 창문이 덜컹덜컹 흔들렸다.

2. 상황이 아주 엉망이 된 모양.
엉망진창

彼が解散を発表した時は既に、バンドの内情はガタガタだった。

그가 해체를 발표했을 때 이미 밴드의 속사정은 엉망이었다.

3. 깔끔하게 정렬되어 있지 않은 모양.

비뚤비뚤, 삐뚤삐뚤

ガタガタの歯並びが気になるので、矯正（きょうせい）して
みようと思う。

비뚤비뚤한 치열이 신경 쓰여서 교정하려고 한다.

---

## ぐらぐら

🔄 ぐらっ
ぐらり

무거운 물체가 자꾸 크게 흔들리는 모양.

휘청휘청, 기우뚱기우뚱

ビルは大きくぐらぐら揺れた後、ものすごい
音を立てて崩れていった。

건물이 크게 휘청하고 흔들린 뒤 엄청난 소리를 내며 무너져 내렸다.

---

## ゆらゆら

🔄 ゆらっ
ゆらり

가볍게 계속 이리저리 흔들리는 모양.

하늘하늘, 살랑살랑, 한들한들, 흔들흔들

庭のチューリップが風に吹かれて、ゆらゆら
揺れている。

정원에 핀 튤립이 바람에 하늘하늘 흔들리고 있다.

ゆらゆらと優しく揺らぐキャンドルの炎を
見ていると、一日の疲れが癒される。

살랑살랑 부드럽게 흔들리는 양초의 불꽃을 보고 있으면 하루 동안 쌓인
피로가 풀린다.

## ぶらぶら

㊀ ぶらっ
　　ぶらん

어딘가에 매달려 있는 긴 물체가 자꾸 흔들리는 모양.
흔들흔들

**公園のブランコは、子どもが降りた後もしばらくぶらぶら揺れていた。**

공원 그네는 아이가 내린 후에도 한동안 흔들렸다.

**手足の力を抜きぶらぶらさせると、疲労解消に効果がある。**

팔다리에 힘을 빼고 흔들면 피로 해소에 효과가 있다.

---

## はらはら

㊀ はらっ
　　はらり

가볍고 작은 무언가가 계속 아래로 떨어지거나 흩날리는 모양.
팔랑팔랑

**桜の花びらがはらはらと散る光景は、まるで<ruby>紙吹雪<rt>かみ ふぶき</rt></ruby>が舞っているようだった。**

벚꽃 잎이 팔랑팔랑 떨어지는 광경은 마치 종이 꽃가루가 흩날리는 것처럼 보였다.

---

## ぱらぱら

㊀ ぱらっ
　　ぱらり

㊂ ばらばら

1. 작은 알갱이가 여기저기 떨어지는 모양.
솔솔, 홀홀

**最後にゴマをパラパラかけると、見た目にもおいしそうなブルゴギが仕上がる。**

마지막으로 참깨를 솔솔 뿌리면 딱 보기에도 맛있어 보이는 불고기가 완성된다.

2. 책의 페이지를 넘기는 소리 또는 그 모양.
팔랑팔랑

**来週の予定を尋ねると、友人はスケジュール帳をパラパラめくった。**

다음 주 예정을 묻자, 친구는 스케줄표를 팔랑팔랑 넘겼다.

風が吹き、掲示板からポスターが一枚ぱらり
とはがれ落ちた。

바람이 불자 게시판에서 포스터 한 장이 팔랑하고 떨어졌다.

## ぺらぺら
㉒ ぺらっ

1. 종이나 천이 얇고 약한 모양.
하르르

離婚なんて、こんなぺらぺらの紙一枚で決まっ
てしまうのか。

이혼이라는 게 이런 얄팍한 종이 한 장으로 정해지는 건가.

2. 종이를 넘길 때 나는 소리 또는 그 모양.
팔랑팔랑

最近の電子書籍リーダーは、実際の本をぺら
ぺらめくるような感覚が味わえる。

요즘 전자책 리더기는 실제 책을 팔랑팔랑 넘기는 느낌을 맛볼 수 있다.

## ひらひら
㉒ ひらっ
　　ひらり

가볍고 얇은 물체가 바람에 펄럭이는 모양.
팔랑팔랑, 나풀나풀

土手に座って川を見ていると、目の前に紙飛
行機がひらひら飛んできた。

둑방에 앉아 강을 보고 있었는데, 눈 앞에 종이 비행기가 팔랑거리며 날아
왔다.

足元にひらりと落ちた紙切れを拾ってみると、
なんとそれは一万円札だった。

발밑으로 팔랑 떨어진 종이를 주웠는데 무려 만 엔짜리 지폐였다.

## ぴらぴら
🔄 ぴらっ

종이처럼 얇은 것이 조금씩 움직이거나 흔들리는 모양.
팔랑팔랑, 팔락팔락

前の彼女から届いた手紙をぴらぴらさせながら、彼女は僕をにらみつけた。

여자친구는 내 예전 여자친구에게서 온 편지를 팔락거리면서 나를 흘겨보았다.

---

## たらたら
🔄 たらっ
　　たらり

액체가 연속적으로 떨어지는 모양.
줄줄, 질질, 주르르

緊張で汗がたらたら流れ、彼は生きた心地さえしなかった。

그는 긴장해서 땀을 줄줄 흘렸고 살아 있다는 느낌조차 들지 않았다.

うちの犬が餌(えさ)を食べていると、近所の犬がよだれをたらたら垂らしながらこちらを見ていた。

우리 집 개가 밥을 먹는 모습을 이웃집 개가 침을 질질 흘리며 보고 있었다.

---

## なみなみ

액체가 용기에 가득 차 넘칠 듯 말 듯하는 모양.
찰랑찰랑, 넘실넘실

氷を入れたグラスにコーラをなみなみと注いで飲むと、ストレスが吹っ飛ぶ。

얼음을 넣은 유리잔에 콜라를 가득 부어 마시면 스트레스가 날아간다.

## どばどば

**[숲] どばっ**

많은 양의 액체 또는 물체가 쏟아져 나오는 모양.
콸콸, 팍팍, 좌르르, 오소소

よそ見している間に、ドレッシングをサラダに
どばどばかけてしまった。

딴 곳을 보다가 샐러드 드레싱을 샐러드에 잔뜩 뿌리고 말았다.

---

## がばがば

1. 단기간에 많은 돈을 쉽게 벌거나 쓰는 모양.
팍팍, 흥청망청, 펑펑

がばがば儲けたお金は、無駄遣いしがちだ。

팍팍 벌어들인 돈은 허투루 쓰기 마련이다.

2. 옷이나 신발의 크기가 큰 모양.
헐렁헐렁

お父さんの服を借りてきたのか、少年はがば
がばの服を着ていた。

아버지의 옷을 빌려왔는지 소년은 헐렁헐렁한 옷을 입고 있었다.

---

## がっぽがっぽ

**[숲] がぽっ**
**がっぽり**

엄청난 돈이 한번에 수중에 들어오거나 나가는 모양.
왕창왕창

新曲が大ヒットし、彼女の通帳にはお金が
がっぽがっぽ入るようになった。

신곡이 대박 나서 그녀의 통장에 돈이 왕창 들어오게 되었다.

株の投資に成功した彼は、お金をがっぽり儲
けた。

주식 투자에 성공한 그는 돈을 왕창 벌었다.

## ぷかぷか

(순) ぷかっ
ぷかり

(적) ぷかりぷかり

**1. 작은 물체가 물이나 공중에 떠 있는 모양.**
둥둥, 동동

海に ぷかぷか 浮かんでいるのはクラゲかと
思いきや、よく見るとゴミだった。

바다에 무언가가 둥둥 떠 있어서 해파리인 줄 알았는데, 자세히 보니 커다
란 쓰레기였다.

**2. 계속해서 담배 연기를 내뿜는 모양.**
뻐끔뻐끔, 뻑뻑, 푹푹

昔のドラマには、俳優が ぷかぷか タバコを
吸っているシーンがよく登場する。

옛날 드라마에는 배우가 뻐끔뻐끔 담배를 피우는 장면이 꽤 등장한다.

## ぷくぷく

(순) ぷっくり
ぷくり

(큰) ぶくぶく

**1. 작은 기포들이 연달아 일어나는 모양.**
보글보글, 부글부글

金魚が泳ぎながら ぷくぷく と泡をはいている。

금붕어가 헤엄치면서 보글보글 거품을 내뱉고 있다.

鍋の湯が ぷくぷく と沸騰してから、青梗菜を
入れる。

냄비 물이 부글부글 끓으면 청경채를 넣는다.

**2. 무언가가 동그랗게 부푼 모양.**
통통

新製品のルージュは、ぷっくり とした唇に
仕上げてくれる。

이번에 새로 나온 립스틱은 입술을 통통하게 만들어준다.

## じわじわ

⊛ じわっ
じわり
じんわり

**1. 어떠한 일이 느리지만 조금씩 진행되는 모양.**
서서히, 차츰차츰, 점점

**病気はじわじわ進行し、彼はついに歩けなくなってしまった。**

병세가 서서히 진행되어 그는 결국 걸을 수 없게 되었다.

**2. 액체가 배어 나오거나 온도가 서서히 전달되는 모양.**
서서히

**冷え切った手に、缶コーヒーの温かさがじんわり染みた。**

차디찬 손에 캔커피의 온도가 서서히 전해졌다.

PART
03

---

## どんどん

**일이 순조롭게 빠른 속도로 많이 진행되는 모양.**
확확

**30年前お世話になった先生を探すために、SNSで呼び掛けると、どんどん情報が集まってきた。**

30년 전 신세를 졌던 선생님을 찾으려고 SNS에 도움을 요청하자 정보가 계속 모였다.

**茶色の財布を持っていると、お金がどんどん入ってくると彼女は信じている。**

그녀는 갈색 지갑을 가지고 있으면 돈이 확확 들어온다고 믿는다.

## ちまちま

**1. 조금씩 진행하는 모양.**
깨작깨작, 조금조금

妹は魚が苦手なので、サバをちまちま食べて
いる。

여동생은 생선을 싫어해서 고등어를 깨작깨작 먹고 있다.

**2. 협소한 곳에 빈틈없이 있는 모양.**
빼곡히

露店の陳列台には、手作りのアクセサリーが
ちまちまと並んでいた。

가판대에는 수제 액세서리가 빼곡하게 진열되어 있었다.

**3. 생각이 좁은 모양.**
편협하게

そんなちまちました考えは捨てて、もっと
広い視野を持ちなさい。

그런 편협한 생각은 하지 말고 더 넓은 시야를 가져라.

. . . . . . . . . . . . . . . . . . . . . . . . . . . . . . . . . . . . . . . . . . . . . . . . . . .

## がらり
유 がらっ

**1. 상황이나 태도가 예전과 180도 다른 모양.**
싹, 확

続編の映画では、主人公以外の登場人物が
がらりと変わる。

속편 영화에서는 주인공 이외의 등장인물이 싹 바뀐다.

**2. 미닫이문을 힘껏 열 때 나는 소리.**
드르륵

ノックすると、引き戸ががらりと開いた。

노크를 하니 미닫이문이 드르륵 열렸다.

## 밝기

**ちらちら**

1. 작은 빛이 깜박이거나 연약하게 흔들리는 모양.
깜빡깜빡, 어른어른, 아물아물

初夏の川辺をホタルがちらちら舞う様子は、本当に幻想的だった。

초여름 강가에서 반딧불이가 깜박이며 춤을 추는 모습은 정말 환상적이었다.

山を下りると、遠くにちらちらと家の明かりが見えた。

산을 내려가자 멀리서 어른거리는 집의 불빛이 보였다.

2. 자그마한 무언가가 여기저기 흩날리는 모양.
팔랑팔랑

春の校庭には、桜の花びらがちらちら散っていた。

봄을 맞은 학교 운동장에 벚꽃 잎이 팔랑팔랑 떨어졌다.

---

**ちかちか**

㊀ ちかっ

눈이 따끔할 정도로 빛이 깜박거리며 반짝이는 모양.
번쩍번쩍

カラオケボックスのミラーボールにレーザーの光が当たりちかちか光った。

노래방 미러볼에 레이저가 반사돼서 번쩍번쩍 빛났다.

## ぴかぴか

⊜ ぴかっ
   ぴかり

1. 빛이 반짝거리는 모양.
반짝반짝

一生懸命掃除をしたので、床がピカピカに
なった。

열심히 청소를 해서 바닥이 반짝반짝해졌다.

クリスマスツリーにはピカピカ光るライトが
取り付けられていた。

크리스마스 트리에는 반짝반짝 빛나는 전구가 달려 있었다.

2. 물건을 구입한 지 얼마 되지 않아 깨끗한 모양.
따끈따끈

入学祝いにもらったぴかぴかのカバンを手に、
彼女は初めて大学に足を踏み入れた。

그녀는 입학 선물로 받은 따끈따끈한 새 가방을 들고 대학에 첫발을 내디
뎠다.

---

## きんぴか

⊛ きんきらきん

⊜ ぎんぎらぎん

금빛으로 화려하게 빛나는 모양.
번쩍번쩍

寺にはきんぴかの仏像がたくさん置かれていた。

절에는 번쩍번쩍한 불상이 잔뜩 놓여 있었다.

---

## こうこう

휘황찬란하거나 밝게 빛나는 모양.
번쩍번쩍, 휘황찬란

迎えにきてくれた母と帰る夜道を、月明かり
がこうこうと照らしていた。

나를 마중 나온 엄마와 돌아가는 밤길을 달빛이 밝게 비췄다.

シャンデリアがこうこうと輝くリビングを奥へ
進んでいくと、大きなダイニングがあった。

샹들리에가 휘황찬란하게 빛나는 거실 안쪽으로 들어가니 큰 다이닝룸이
있었다.

## つやつや
⑥ つやっ

광택이 나고 매끄러워서 아름다운 모양.
반질반질, 반지르르

このシャンプーを使うと、髪がつやつやになる
らしい。

이 샴푸를 쓰면 머릿결이 반질반질 윤이 난다고 한다.

このファンデーションは安いのに、つやつやの
肌に仕上げてくれる。

이 파운데이션은 가격이 싼데도 반질반질한 피부를 만들어준다.

## てかてか
⑥ てかっ

1. 표면이 매끈해서 윤이 나거나 물건이 닳아서 번들거리
는 모양.
번들번들

着古しててかてかになったスーツを、兄は今
でも着ている。

형은 오래 입어서 번들번들해진 정장을 아직도 입고 다닌다.

2. 기름기가 많아 흉하게 번들거리는 모양.
번들번들, 번지르르

朝にはきれいに仕上がったメイクも昼前には
崩れ、顔がてかてかになってしまった。

아침에는 깔끔하던 화장도 낮이 되면 무너져서 얼굴이 번들거린다.

## 요리

**ひたひた**

물을 부었을 때 내용물이 물에 살짝 잠기는 모양.
자작자작

鍋<sup>なべ</sup>のジャガイモが ひたひた かぶるくらい水を
入れる。

감자가 자작자작 잠길 정도로 냄비에 물을 넣는다.

---

**ことこと**

음식이 약한 불에 오랜 시간 뭉근하게 끓는 소리 또는 모양.
보글보글

このハンバーグは、ソースを ことこと 煮込む
のがポイントだ。

이 햄버그스테이크는 소스를 보글보글 끓여 수분을 날리는 것이 포인트다.

---

**くつくつ**

**(큰) ぐつぐつ**

음식이 약한 불에서 끓어 기포가 올라오는 소리 또는 그
모양.
보글보글, 팔팔

▶ ことこと와 달리 시간은 상관없음

最後に牛乳を入れて弱火で くつくつ 煮込むと、
とろみが出てくる。

마지막으로 우유를 넣고 약한 불로 보글보글 끓이면 걸쭉해진다.

カレーを強火で ぐつぐつ 煮ていたら、うっかり
焦がしてしまった。

카레를 센 불에서 펄펄 끓이다가 그만 태워버렸다.

## じゅうじゅう

🔊 じゅっ

기름이 끓거나 타는 소리.
지글지글

惣菜店の前を通ると、ちょうど唐揚げをジュー
ジュー揚げていたので、つい買ってしまった。

반찬 가게 앞을 지나가는데 마침 닭튀김을 지글지글 튀기고 있어서 나도
모르게 사고 말았다.

---

## ざくざく

🔊 ざくっ
　　ざっくり

1. 칼로 채소를 연속해서 대충 써는 소리 또는 그 모양.
서걱서걱, 숭덩숭덩, 깍둑깍둑

キャベツを大きめにザクザクと切り分けて
調理する。

양배추를 큼지막하게 서걱서걱 썬 뒤 조리한다.

2. 모래나 눈을 밟을 때 나는 소리.
사박사박, 서벅서벅

子どもたちは、降り積もった雪をザクザク
踏みながらはしゃぎまわった。

아이들은 쌓인 눈을 사박사박 밟으며 뛰어다녔다.

---

## さくさく

🔊 さくっ

1. 잘 부스러지는 음식을 씹는 소리 또는 그 느낌.
바삭바삭, 아삭아삭

バターと小麦粉、砂糖の3つの材料だけで、
サクサクとした食感のクッキーが作れる。

버터와 밀가루, 설탕 세 가지 재료만으로 바삭바삭한 쿠키를 만들 수 있다.

天ぷらを作るとき、衣に氷を入れるとサクッと
した食感になるという。

튀김을 만들 때, 튀김옷에 얼음을 넣으면 바삭한 식감을 낼 수 있다고 한다.

요리 165

2. 어떤 일이 원활하게 진행되는 모양.
착착

午前中は会議も、電話での問い合わせもなか
ったので、仕事がサクサク進んだ。

오전에는 회의도 없고, 전화 문의도 없어서 일사천리로 일이 진행되었다.

---

## かりかり

かりっ

がりがり

1. 수분이 빠지거나 기름에 튀겨 파삭한 모양.
바삭바삭

フライパンでベーコンを炒めていると、ほど
なくカリカリになった。

프라이팬에 베이컨을 구우니 금세 바삭바삭해졌다.

ラーメン屋で出されるかりっと焼きあがった
ギョーザは、弟の好物だ。

라멘 가게에서 주는 갓 구운 바삭바삭한 만두는 남동생이 좋아하는 메뉴다.

2. 딱딱한 것을 깨무는 소리 또는 그 느낌.
오도독오도독

毎晩、どこからかネズミがガリガリと木材を
かじるような音がして、なかなか眠れない。

매일 밤 어디선가 쥐가 나무를 갉아먹는 것 같은 소리가 들려서 도저히 잘
수가 없다.

---

## ぱりぱり

ぱりっ
ぱりん

ぱりぱり

얇고 바삭하거나 딱딱한 것을 깨무는 소리 또는 그 느낌.
바삭바삭, 파삭파삭, 와삭와삭

弱火で2時間も焼いたので外はぱりぱり、中は
ジューシーなローストチキンに仕上がった。

약한 불에 2시간이나 구운 덕분에 겉은 바삭하고 속은 촉촉한 로스트 치
킨이 완성되었다.

ポテトチップスは、ぱりっとした歯ごたえが
命だ。

감자칩은 바삭한 식감이 생명이다.

## こりこり
🈁 こりっ

딱딱하고 탄력 있는 음식을 씹는 소리 또는 그 느낌.
오돌오돌

焼き鳥の中でも<ruby>砂肝<rt>すなぎも</rt></ruby>は、こりこりした食感で
人気だ。

닭꼬치 중에서도 닭모래집꼬치는 오돌오돌한 식감 덕분에 인기가 있다.

## しゃりしゃり
🈁 しゃりっ

입자가 작고 단단하여 식감이 좋은 것을 씹는 소리 또는
그 느낌.
사각사각

🈁 じゃりじゃり

最近はしゃりしゃりした昔のかき氷より、雪の
ようなふわふわしたかき氷の方が人気だ。

최근에는 사각사각한 옛날 빙수보다 사르르 녹는 눈꽃빙수가 인기라고
한다.

## しゃきしゃき
🈁 しゃきっ
　しゃっきり

채소나 과일 등이 싱싱한 모양 또는 싱싱한 채소나 과일을
씹을 때 나는 소리.
아삭아삭

旬のキュウリで作ったオイソバギは、しゃき
しゃきとした歯ごたえが感じられる一品だ。

제철 오이로 만든 오이소박이는 아삭아삭한 식감이 일품이다.

## しこしこ

면에 탄성이 있고 씹었을 때 식감이 찰진 모양.
쫄깃쫄깃

この店に代々伝わる麺<ruby>麺<rt>めん</rt></ruby>は、しこしこしていて本当においしい。

이 가게에서 대대로 전수된 면은 쫄깃쫄깃해서 정말 맛있다.

## もちもち

ⓘ もちっ
もっちり

식감이 부드럽고 찰기가 있는 모양.
쫄깃쫄깃, 쫀득쫀득

米粉で作った焼きたての食パンを初めて食べたが、すごくもちもちしていておいしかった。

갓 구운 쌀식빵을 처음 먹어 보았는데 무척 쫄깃하고 맛있었다.

## ぷりぷり

ⓙ ぷりんぷりん

ⓘ ぷりっ
ぷりん

해산물이 신선해서 탄력이 있는 모양.
탱탱

高い金額がついているだけあって、海鮮丼にはぷりぷりのエビがたっぷりのっていた。

가격이 비싼 만큼 해산물 덮밥 위에 탱탱한 새우가 듬뿍 올라가 있다.

## ぷるぷる

ⓘ ぷるっ
ぷるん

윤기 있는 것이 부드럽고 탄력 있는 모양.
탱글탱글

新発売のフルーツゼリーは果肉がたっぷり入っている上に、ぷるぷるとした食感が絶妙だ。

새로 나온 과일맛 젤리는 과육이 잔뜩 든 데다가 식감이 탱글탱글해서 기가 막히다.

友達にもらった保湿クリームのおかげで、ぷるっとした潤い肌になった。

친구에게 받은 수분크림 덕분에 피부가 탱탱하고 촉촉해졌다.

## ぷちぷち

<small>🤍 ぷちっ</small>

둥글고 탄력 있는 알갱이들이 터지는 모양.
<small>톡톡</small>

ぷちぷちした食感が好きな娘は、お寿司屋<sup>すしや</sup>さんに行くと必ず最初にイクラを頼む。

톡톡 터지는 식감을 좋아하는 딸은 초밥집에 가면 제일 먼저 연어알을 주문한다.

---

## かすかす

과일이나 야채가 수분이 없고 메말라서 맛없는 모양.
<small>퍼석퍼석</small>

かすかすしてまずいリンゴは、ジュースにして飲んだ方がいい。

퍼석퍼석하고 맛없는 사과는 주스로 만들어 마시는 게 낫다.

---

## ぼそぼそ

음식에서 수분이 빠져 맛없어진 모양.
<small>퍼석퍼석, 팍팍</small>

容器のふたを閉じ忘れていたので、ご飯がぼそぼそになった。

용기 뚜껑 닫는 것을 깜빡해서 밥알이 굳었다.

---

## とろとろ

<small>🤍 とろっ<br>　 とろり</small>

<small>🤍 どろどろ</small>

걸쭉하거나 눅진한 모양.
<small>촉촉, 사르르</small>

ダイエット中なのに、とろとろの卵がのったオムライスが食べたくてたまらない。

지금 다이어트 중인데 촉촉한 달걀이 올라간 오므라이스를 먹고 싶어서 못 참겠다.

**3種類のチーズが**とろとろ**に溶けたピザは、この店のオリジナルだ。**

세 가지 치즈가 사르르 녹아 있는 피자는 이 가게만의 메뉴이다.

**夏にアイスクリームを買うと、すぐ**どろどろ**に溶けてしまう。**

여름에 아이스크림을 사면 바로 질척하게 녹아버린다.

**この店の生チョコは、ブランデーの香りと**とろり**とした口どけで人気がある。**

이 가게의 생초콜릿은 브랜디 향과 부드러운 식감 때문에 인기가 많다.

---

## ふわとろ
🔁 とろふわ

음식이 부드럽고 입에서 살살 녹는 모양.
몽글몽글, 살살

▶ 속어: とろとろ와 ふわふわ의 합성어

ふわとろ**のカスタードプリンは、ひと口含んだだけで疲れが吹っ飛ぶほどおいしい。**

몽글몽글한 커스터드 푸딩은 한 입 머금기만 해도 피로가 날아갈 정도로 맛있다.

---

## ほろほろ

힘을 주지 않아도 입속에서 쉽게 부서지거나 녹는 모양.
사르르

**12時間も煮込んだ豚の角煮は口に入れた瞬間、**ほろほろ**と崩れた。**

12시간이나 푹 끓인 돼지고기 조림은 입에 넣자마자 사르르 녹았다.

## まったり

맛이 진하고 부드러운 모양.
진하게, 부드럽게

シチューにチーズと生クリームを入れると、舌に絡みつくようなまったりとした味になる。

스튜에 치즈와 생크림을 넣으면 마치 혀에 감기는 듯 크리미해진다.

## もったり

생크림이나 반죽처럼 점성이나 찰기가 있고 묵직한 모양.
진득진득

生クリームがもったりするまで泡立て、冷やしたスポンジケーキに塗る。

생크림이 단단해질 때까지 거품을 내고 식힌 케이크 시트에 바른다.

## こってり

음식의 맛이 진하고 기름진 모양.
진하게

😊 こてっ
😊 ごってり

ラーメンはやっぱり、こってりしたとんこつ味がおいしい。

라멘은 역시 진한 돼지뼈 육수 라멘이 맛있다.

## あつあつ

요리가 막 완성되어 뜨거운 모양.
뜨끈뜨끈, 따끈따끈

あつあつのご飯に生たまごを割り入れ、しょうゆをかければ、たまごかけご飯になる。

뜨끈뜨끈한 밥에 날달걀을 넣고 간장을 뿌리면 계란밥이 완성된다.

はつもうで
初詣に行った神社で、あつあつの甘酒を飲んで冷えた体を温めた。

새해 첫 참배를 하러 간 신사에서 따끈따끈한 감주를 마시고 언 몸을 덥혔다.

## ほかほか

만든 지 얼마 되지 않아 음식에 온기가 있는 모양.
따끈따끈

**焼きたて ほかほか のパンから、ゆっくりと 湯気が上がっていた。**

갓 구워 따끈따끈한 빵에서 김이 모락모락 피어올랐다.

---

## ほくほく
ⓢ ほっくり

갓 조리한 고구마나 감자 등이 따끈따끈해 먹음직스러운 모양.
따끈따끈

**幼い頃、おばあちゃんの家で食べた ほくほく の ジャガイモの味は、今でも鮮明に憶えている。**

어릴 적 할머니 댁에서 먹은 따끈따끈한 감자 맛이 아직도 기억 속에 생생하다.

---

## ほやほや

금방 만들어서 따뜻하고 김이 나는 모양.
모락모락, 폴폴

**今日のような寒い日は、ほやほや と湯気の立つ 焼きいもが食べたくなる。**

오늘처럼 추운 날은 김이 모락모락 나는 군고구마를 먹고 싶다.

---

## ひんやり
ⓢ ひやっ
　ひやり

공기나 촉감 등이 시원해서 상쾌한 모양.
시원하게

**暑い夏は、ひんやり 冷たいアイスクリームが おいしい。**

더운 여름에는 시원한 아이스크림이 맛있다.

## きんきん

어떤 물체가 얼어붙을 것처럼 차가워진 모양.
차갑게

私はきんきんに冷えたビールを、缶ごと飲む
のが大好きだ。

나는 차가운 맥주를 캔째로 마시는 걸 무척 좋아한다.

요리

# 소리

## ことこと

(유) かたかた
かたこと

(순) ことっ
ことり

(큰) ごとごと

강도가 있는 물체끼리 부딪치는 소리.
덜컥덜컥, 덜컹덜컹, 덜그럭, 탁탁

この椅子は古いので、座ると左右にコトコト
揺れる。

이 의자는 낡아서 앉으면 좌우로 덜컥덜컥 흔들린다.

列車が通り過ぎるたびに、家の引き戸がカタ
カタと音を立てた。

열차가 지날 때마다 미닫이문이 덜그럭거렸다.

緊張感に満ちた試験会場では、机がコトリと
動く音さえ大きく響いた。

긴장감으로 가득 찬 시험장에서는 책상이 덜그럭거리는 소리조차 크게
울렸다.

---

## かちかち

(유) こちこち

(순) かちっ
かちん

1. 작고 단단한 물체끼리 계속 규칙적으로 부딪치는 소리
또는 그 모양.
딸깍딸깍, 딱딱

彼は集中すると、無意識にボールペンをかち
かち鳴らす癖がある。

그는 집중하면 자기도 모르게 딸깍딸깍 볼펜 소리를 내는 버릇이 있다.

### 2. 시계 초침이 계속 움직이는 소리.
째깍째깍, 똑딱똑딱

**不安になればなるほど、**カチカチ**動く時計の音が気になり、いても立ってもいられなくなった。**

불안이 커질수록 째깍거리는 시계 소리가 점점 더 크게 들리는 것 같아서 나는 안절부절못했다.

### 3. 액체가 굳어서 단단해진 모양.
꽁꽁, 꽝꽝

**20年ぶりの寒波に見舞われ、川の水が**かちかち**に凍ってしまった。**

20년 만에 한파가 들이닥쳐 강물이 꽁꽁 얼고 말았다.

---

# かちゃかちゃ

㊀ かちゃっ
かちゃり

㊁ がちゃがちゃ

### 단단한 물체끼리 자꾸 부딪치는 소리.
달그락달그락, 철커덕철커덕

▶ 특히 도자기나 금속 등에 많이 쓰임

**地震で家が揺れると、戸棚の食器が**カチャカチャ**音を立てた。**

지진으로 집이 흔들리자 찬장 안 그릇들이 달그락달그락 소리를 냈다.

**彼はルービックキューブを**カチャカチャ**回し、たったの45秒で完成させてしまった。**

그는 큐브를 이리저리 돌려 겨우 45초 만에 다 맞췄나.

カチャカチャ**音の鳴らない静音キーボードを買った。**

타닥타닥 소리가 나지 않는 무소음 키보드를 샀다.

息をひそめていると、カチャリとドアが開き、見知らぬ男が入ってきた。

숨을 죽이고 있자 철커덕하고 문이 열리면서 낯선 남자가 들어왔다.

ドアノブをガチャガチャ回しすぎると、壊れちゃうよ。

문 손잡이를 마구 돌리면 금방 고장 나.

## こんこん
순 こん
큰 ごんごん

강도 있는 물체가 서로 부딪쳤을 때 나는 소리.
탁탁

先生は説明しながら、定規でコンコンと黒板を叩いた。

선생님은 설명하시며 자로 칠판을 탁탁 치셨다.

ガラスのポットを蛇口にコンとぶつけただけなのに、簡単に割れてしまった。

유리포트는 수도꼭지에 살짝 부딪혔을 뿐인데 쉽게 깨져버렸다.

## こつこつ
순 こつっ
　 こつり
　 こつん

딱딱한 물체가 서로 부딪칠 때 나는 밝고 가벼운 소리.
똑똑

コーヒーを飲んでいる友人を窓越しに見つけ、窓をコツコツ叩いてみた。

커피를 마시고 있는 친구를 창문 너머로 발견하고 창문을 똑똑 두드렸다.

## かつかつ

1. 강도 있는 물체끼리 부딪칠 때 나는 소리 또는 그 모양.
또각또각, 딱딱

カツカツというヒールの音が気になって、思い切り歩けない女性もいる。

또각또각 하이힐 소리가 신경 쓰여 마음 놓고 걷지 못하는 여성도 있다.

2. 금전적, 시간적으로 힘들어 한계에 다다른 모양.
빠듯하게, 빡빡하게

かつかつの生活から抜け出すために、何か手を打たなければならない。

빠듯한 생활에서 벗어나기 위해 무언가 특단의 조치가 필요하다.

## かんかん
⊜ がんがん

쇠붙이나 돌과 같은 물체를 두드릴 때 나는 소리.
쾅쾅, 땅땅

金槌でカンカン釘を打ち付け、ようやく看板を取り付けた。

망치로 쾅쾅 못을 박아 겨우 간판을 달았다.

## ちりんちりん
⊛ ちゃりんちゃりん

가벼운 금속끼리 부딪칠 때 나는 날카롭고 맑은 소리.
땡그랑땡그랑, 짤랑짤랑, 딸랑딸랑, 따르릉따르릉

▶ 방울이나 풍경, 자전거 벨 등에 사용

歩行者に向かって自転車のベルをむやみにチリンチリンと鳴らさないほうがいい。

보행자를 향해 자전거 벨을 함부로 울리지 않는 것이 좋다.

夏の夜風に風鈴がチリンチリンと鳴る。

여름 밤바람에 풍경이 땡그랑땡그랑 울린다.

チャリンチャリンと音がして、彼のポケットから小銭が落ちた。

짤랑짤랑 소리를 내며 그의 주머니에서 동전이 떨어졌다.

## しゃかしゃか

🔁 じゃかじゃか

빠르게 흔들거나 손으로 휘저을 때 물체끼리 부딪치면서
나는 소리.
짤짤, 찰강찰강, 휙휙

**卵を泡立て器でシャカシャカかき混ぜる。**

계란을 거품기로 휙휙 젓는다.

**バーテンダーはシェーカーをシャカシャカと
振り、カクテルを作る。**

바텐더는 쉐이커를 흔들어 칵테일을 만든다.

**学校の音楽室から、ジャカジャカとエレキ
ギターの音が聞こえる。**

학교 음악실에서 일렉트릭 기타를 치는 소리가 들린다.

----

## じゃらじゃら

🔁 じゃらんじゃらん

금속류끼리 맞부딪칠 때 나는 소리.
짤랑짤랑, 짤강짤강, 쩌렁쩌렁

**音を立てずに歩くつもりだったのに、懐から
ジャラジャラと小銭の音がした。**

소리를 내지 않고 걸으려 했는데 주머니에서 짤랑짤랑 잔돈 소리가 났다.

**彼は鍵がたくさんついているキーホルダーを
ポケットからジャラジャラと取り出した。**

그는 주머니에서 열쇠가 많이 달린 키홀더를 짤강짤강하며 꺼냈다.

**神社でジャランジャランと鈴を鳴らす日本人を
よく見かける。**

신사에서 쩌렁쩌렁 종을 울리는 일본인을 자주 보게 된다.

## ちょきちょき

(순) ちょきん

(긴) じょきじょき

가위질하는 소리 또는 그 모양.
싹둑싹둑

調子に乗って紙をハサミでちょきちょき切っ
ていると、うっかり自分の服に穴を開けてし
まった。

무턱대고 가위로 종이를 싹둑싹둑 자르다 그만 옷에 구멍까지 내고 말았다.

中学生の娘の前髪を、誤ってちょきんと切り
落としてしまった。

실수로 중학생 딸의 앞머리를 싹둑 잘라버렸다.

じょきじょきと音がするので、見てみると
娘がデニムの裾を切っていた。

싹둑싹둑 가위질 소리가 나길래 그쪽을 쳐다보니 딸아이가 청바지 단을
자르고 있었다.

## じょりじょり

(순) じょりっ

짧은 머리카락이나 수염 등 털을 미는 소리.
박박, 빡빡, 사각사각, 서걱서걱

美容師はバリカンで男の子の襟足をじょり
じょり刈り上げた。

미용사는 이발기로 남자아이의 뒷덜미를 빡빡 밀었다.

父はあごにたっぷりクリームをつけ、じょり
じょりと髭を剃った。

아버지는 턱에 면도크림을 잔뜩 바르고 수염을 슥슥 밀었다.

## しゅわしゅわ

(合) しゅわっ

샴페인이나 사이다처럼 기포가 계속해서 발생하는 소리 또는 그 모양.
톡톡

**炭酸の泡がしゅわしゅわはじけるサイダーは、脂っこいメニューと相性が良い。**

탄산이 톡톡 터지는 사이다는 기름진 음식과 궁합이 잘 맞는다.

........................................................

## ぽこぽこ

(合) ぽこっ

(복) ぽこぽこ

1. 거품이 하나둘 올라오는 모양.
보글보글, 부글부글

**お湯を沸かして、ぽこぽこ泡が出てきたら、材料を入れてじっくり煮てください。**

물을 끓이다 보글보글 기포가 올라오면 재료를 넣고 푹 삶아주세요.

2. 구멍이 많은 모양.
송송

**米がおいしく炊き上がると、ご飯の表面にぽこぽこと穴ができる。**

밥이 맛있게 지어지면 밥 표면에 구멍이 송송 생긴다.

3. 무언가를 가볍게 두드릴 때 나는 소리.
통통

**赤ちゃんがおもちゃの太鼓をポコポコ叩（たた）いて遊んでいる。**

아기가 장난감 북을 통통 두드리며 놀고 있다.

## とくとく

(큰) どくどく

入口が小さい곳에서 액체가 흘러나오는 소리 또는 그 모양.
콸콸, 쫄쫄, 쪼르르

彼が立ち去った部屋からは、瓶からワインが
とくとく流れ出る音だけが聞こえていた。

그가 떠난 방에서는 병에서 와인이 콸콸 흐르는 소리만이 들렸다.

---

## きりきり

활시위나 줄 등을 팽팽하게 당기는 소리 또는 그 모양.
팽팽

運動会の綱引き競技で綱を引っ張ると、キリ
キリと音がした。

운동회 줄다리기 시합에서 줄을 잡아당기자 팽팽하게 당겨지는 소리가 났다.

彼はキリキリと弓を引き、狙いを定めて矢を
放った。

그는 활시위를 팽팽하게 당겨 목표물을 향해 활을 쏘았다.

---

## みしみし

(유) みしりみしり

(순) みしっ
　　みしり

나무로 된 바닥이나 기둥이 삐걱거리는 소리.
삐걱삐걱

泥棒は忍び足で歩いたつもりだったが、床は
ミシミシ音を立てた。

도둑은 까치발로 걸었지만 바닥에서 삐걱삐걱 소리가 울렸다.

山小屋の扉を開けて中に入ると、床がミシリ
と鳴り、カビ臭さが鼻を突いた。

산장의 문을 열고 들어서자 마룻바닥이 삐걱거렸고 곰팡이 냄새가 코끝
을 찔렀다.

## さやさや
㊀ さわさわ

나뭇잎이나 나뭇가지가 바람에 날려 서로 부딪히면서 바스락거리는 소리.

사락사락, 바스락바스락

**突然の風が木の枝を揺らすと、木の葉はサヤサヤと音を立てた。**

갑자기 불어온 바람이 나뭇가지를 흔들자, 나뭇잎이 사락사락 소리를 냈다.

**春風に木の枝がさわさわ揺れると、木漏れ日もきらきらまぶしく揺れた。**

봄바람에 나뭇가지가 살랑살랑 흔들리자, 나뭇잎 사이로 쏟아지는 햇빛도 반짝반짝 눈부시게 흔들렸다.

........................................................

## ぽきぽき
㊀ ぱきぱき

㊅ ぽきっ
ぽきり
ぽきん

㊂ ぼきぼき

막대 형태의 물체가 뚝뚝 부러지는 소리 또는 그 모양.

뚝뚝

**登山中に道に迷ってしまった彼は、目印にポキポキと枝を折りながら下山した。**

등산 중에 길을 잃은 그는 표식으로 나뭇가지를 뚝뚝 꺾으며 하산했다.

**木に登ろうと枝をつかんだら、簡単にポキッと折れてしまった。**

나무에 오르려고 가지를 잡았더니 그만 뚝하고 부러지고 말았다.

........................................................

## どさどさ
㊅ どさっ
どさり

1. 무겁고 부피가 큰 물체가 연달아 바닥에 떨어질 때 나는 강한 소리 또는 그 모양.

쿵쿵, 털썩털썩

**急ブレーキで網棚から列車の床にカバンがどさどさと落ちてしまった。**

급정거를 하는 바람에 짐을 올려놓는 그물 선반에서 열차 바닥으로 가방이 한꺼번에 쏟아졌다.

おじさんは大きな荷物をどさっと玄関に下ろ
すと、そのままその場に倒れ込んでしまった。

삼촌은 커다란 짐을 현관에 털썩 내려놓더니 그대로 그 자리에 쓰러져버렸다.

**2. 한 번에 많은 양이 밀려드는 모양.**
우르르

大雨の後、土砂がどさどさなだれ込み、5軒の
家が被害を受けた。

큰비가 내린 후 토사가 우르르 흘러내려 집 다섯 채가 피해를 입었다.

---

## ばりばり
🔊 ばりっ

무언가를 세게 찢거나 벗길 때 나는 소리.
쫙쫙, 북북

帰宅すると、猫が障子をバリバリ破っていた。

집에 돌아와 보니 고양이가 창호지를 쫙쫙 찢어 놓았다.

昨日貼ったばかりの壁紙を、弟がバリバリ
はがしてしまった。

어제 막 바른 벽지를 남동생이 북북 벗겨버렸다.

---

## めりめり
🔊 めりっ

단단한 것이 천천히 무너지거나 찌부러지는 소리 또는
그 모양.
우지끈, 우지직

大きな地震で、建物はメリメリと音を立てて
崩れてしまった。

대지진으로 건물은 굉음을 내며 무너져 내렸다.

## ちくたく
유 ちっくたっく

시계 침이 움직일 때 나는 소리.
째깍째깍, 똑딱똑딱

**図書館では、時計の針がチクタク動く音が気になる利用者もいる。**

도서관에서는 째깍째깍 시계 소리가 신경 쓰인다는 이용객도 있다.

---

## ぴこぴこ

전자음이 울리는 소리.
삑삑, 뿅뿅

**電車の中で、ピコピコと音を立ててゲームをする人を見るといらいらする。**

전철 안에서 삑삑 소리를 내며 게임하는 사람을 보면 짜증이 난다.

탈것

동물_육지 동물

동물_조류 / 곤충

부록

# 탈것

| リンリン / チリンチリン | 자전거 벨소리. 따르릉 |
| --- | --- |
| キィーッ | 자동차나 자전거 등이 갑자기 멈춰 서는 소리. 끼익 |
| ブルルン | 자동차나 오토바이 엔진 소리. 부릉부릉 |
| ビュン / ピュン / ビュンビュン | 매우 빠르게 달리거나 날아가는 소리 또는 그 모양. 씽, 쌩, 씽씽, 쌩쌩 |
| ウーウー | 경찰차 사이렌 소리. 삐용삐용 |
| ウーカンカンカン | 소방차 사이렌 소리. 에엥에엥 |
| ピーポーピーポー | 구급차 사이렌 소리. 삐뽀삐뽀, 삐오삐오 |
| ブーン | 자동차나 오토바이, 비행기 등이 달리거나 날아가는 소리. 부웅 |
| ゴトッ / ゴトリ | 열차가 움직이기 시작하거나 멈추는 소리. 덜컹, 철커덩 |
| ガッタンコットン / ガタンゴトン | 열차가 달리는 소리. 덜컹덜컹 |
| シュッポシュッポ | 증기 기관차가 달리는 소리. 칙칙폭폭 |
| バラバラバラ / バルバルバル | 헬리콥터의 프로펠러 소리. 두두두두 |
| ボーッ | 뱃고동 소리. 붕, 부, 뚜 |

# 동물_육지 동물

| | |
|---|---|
| ケロケロ / ゲロゲロ | 개구리 울음소리. 개골개골, 개굴개굴 |
| チューチュー | 쥐의 울음소리. 찍찍 |
| ニャーニャー / ニャンニャン | 고양이 울음소리. 야옹야옹 |
| キャンキャン | 강아지가 짖는 소리. 깨갱깨갱, 캥캥 |
| ワンワン | 개가 짖는 소리. 멍멍, 컹컹 |
| コンコン | 여우 울음소리. 캥캥 |
| メーメー | 염소 울음소리. 메에 |
| キッキッ / キャッキャッ | 원숭이 울음소리. 우끼끼 |
| ブーブー / ブヒブヒ | 돼지 울음소리. 꿀꿀, 꿀꿀 |
| モー | 소 울음소리. 음메 |
| ガオー | 사자나 호랑이 울음소리. 어흥 |
| ヒヒーン | 말 울음소리. 히힝 |
| パッカパッカ / パッパカパッパカ | 말발굽 소리. 따각따각, 또각또각 |

# 동물_조류 / 곤충

| | |
|---|---|
| チュンチュン | 참새 울음소리. 짹짹 |
| ピヨピヨ | 병아리 울음소리. 삐약삐약 |
| ホーホケキョ | 꾀꼬리 울음소리. 꾀꼴꾀꼴 |
| クークー / ポッポッポッ | 비둘기 울음소리. 구구, 꾹꾹 |
| コケコッコー / コッコッ | 닭 울음소리. 꼬꼬댁, 꼬꼬, 꼬끼오 |
| ケンケン | 꿩 울음소리. 꿩꿩 |
| カッコー | 뻐꾸기 울음소리. 뻐꾹뻐꾹 |
| ピーヒョロ | 솔개 울음소리. 비오비오 |
| ホーホー | 올빼미나 부엉이의 울음소리. 부엉부엉 |
| カアカア | 까마귀나 까치 울음소리. 깍깍 |
| ガアガア | 오리 울음소리. 꽥꽥 |
| コロコロコロ | 귀뚜라미 울음소리. 귀뚤귀뚤 |
| リーンリーンリーン | 방울벌레 울음소리. 찌르르 |
| ミーンミーン | 매미 울음소리. 맴맴 |
| ツクツクホーシ ツクツクホーシ | 쓰름매미의 울음소리. 쓰름쓰름, 쓰르람쓰르람 |

# 색인

# 일본어 색인

か

색인

さ

つ

て

색인

## ひ

색인

색인

| | | | | |
|---|---|---|---|---|
| ぽきり | 182 | ぽっくり | 116 |
| ぽきん | 182 | ぽっこり | 133 |
| ほくほく | 43, 172 | ほっそり | 120 |
| ぽこっ | 180 | ぽっちゃり | 121 |
| ぽこぽこ | 88, 180 | ぽってり | 121 |
| ぽこぽこ | 180 | ぽってり | 121 |
| ぼさっ | 67 | ぼつぼつ | 112, 148 |
| ぼさぼさ | 67, 136 | ぽつぽつ | 21, 148 |
| ほじほじ | 81 | ポッポッポッ | 190 |
| ぼそっ | 76 | ぽつり | 21 |
| ぼそぼそ | 76, 169 | ぽつりぽつり | 21, 148 |
| ぼそり | 76 | ぽつん | 21 |
| ぽたっ | 28 | ぽとっ | 29 |
| ぽたっ | 28 | ぽとっ | 28 |
| ぽたぽた | 28 | ぽとぽと | 29 |
| ぽたぽた | 28 | ぽとぽと | 28 |
| ぽたり | 28 | ぽとり | 29 |
| ぽたり | 28 | ぽとり | 28 |
| ぽたん | 28 | ぽとん | 29 |
| ぽたん | 28 | ぽとん | 28 |
| ぽちぽち | 112 | ほのぼの | 43 |
| ぽちゃっ | 29, 121 | ぼやっ | 67 |
| ぽちゃん | 29 | ほやほや | 172 |
| ぽっかり | 126 | ぼやぼや | 67 |
| ほっくり | 172 | ぼりぼり | 84 |

색인

# 한국어 색인

ㄷ

ㄹ

ㅁ

색인

ㅂ

색인

ㅈ

ㅊ

찾아보기

# 참고문헌

고려대학교 민족문화연구원 『고려대 한국어대사전』 2009

국립국어원 『표준국어대사전』 2008

민중서림 편집국 『엣센스 일한사전』 2018

손낙범 외 민중서림 『엣센스 한일사전』 2017

小学館 『精選版 日本国語大辞典』

小野正弘 編　小学館 『擬音語・擬態語4500 日本語オノマトペ辞典』 2007

実用日本語表現辞典　http://www.practical-japanese.com/

デジタル大辞泉　https://daijisen.jp/

# 이 책 하나로 뉘앙스 마스터
# 일본어 의성어 의태어 사전

**초판 1쇄** 2022년 5월 25일
　　**4쇄** 2024년 2월　1일

**지은이**　권하영, 니시카와 카나코, 박소정, 윤보미, 이선희, 전하나
**펴낸이**　니시카와 카나코
**펴낸곳**　주식회사 제이브리지 (Jbridge)
**편집**　　우민정　**디자인** 노경녀 nkn3383@naver.com
**도운이**　H&Q 이철규 / 이세희

**주소**　　서울특별시 구로구 디지털로 288, 209호 R245 (구로동, 대륭포스트타워1차)
**이메일**　master@jbridge-k.com
**Instagram**　Jbridge_k
**등록**　　제25100-2022-000023호
**ISBN**　　979-11-976834-1-1 (13730)